这样说顾客才会听
这样做顾客才会买

陆 飞 著

中国商业出版社

图书在版编目（CIP）数据

　　这样说顾客才会听　这样做顾客才会买 / 陆飞著 . -- 北京：中国商业出版社 , 2017.9

　　ISBN 978-7-5208-0023-5

　　Ⅰ.①这… Ⅱ.①陆… Ⅲ.①销售 - 商业心理学 - 通俗读物 Ⅳ.① F713.55-49

中国版本图书馆 CIP 数据核字（2017）第 220389 号

责任编辑：朱丽丽

中国商业出版社出版发行
010-63180647　www.c-cbook.com
（100053 北京广安门内报国寺 1 号）
新华书店经销
三河市宏顺兴印刷有限公司
*
710×1000 毫米　16 开　16 印张　210 千字
2018 年 3 月第 1 版　2018 年 3 月第 1 次印刷
定价：39.80 元
* * * *
（如有印装质量问题可更换）

前　言

　　销售可以看作是销售人员与顾客之间的一场心理博弈、一种人际沟通。在这种特殊的沟通和博弈中，销售人员如果知道如何说、如何做，如何引导顾客消费，那么势必占据主导地位，推进销售进程，最终取得这场"战争"的胜利。

　　说是"战争"，却没有输家，双方都是赢家：一方面销售人员将产品或者服务销售了出去，赚取了利润，成了赢家；而另一方面顾客用金钱换取了产品和服务，解决了自己的实际问题，也是一种胜利，可以说双方各取所需。

　　现今市场供需两旺，一方面产品和服务多元丰富，但同质化严重。另一方面，顾客需求也趋向多元化、个性化，消费有极大的选择权和自由权，这样既给商家提供了发展的良好机遇，同时，也带来了货比三家的竞争与挑战。

　　这种情况下，为商家冲锋陷阵、战斗在最前线的销售人员就显得愈发关键了，可以说任重道远，其销售业绩关系到公司的生存发展。如何把产品销售出去，同时又让顾客满意，考验着每一个销售人员。

　　销售是一门关于如何说、如何做的艺术，说好了、做对了，事半功倍；说拧了，做错了，事倍功半，甚至劳而无功一场空，严重的话，还可能惹麻烦上身。

　　如何说才能让顾客愿意听，并且听到心里去；如何做才能让顾客心甘情愿掏腰包，接受你的产品和服务，不是件容易的事，可以说有非常大的难度，但也不是毫无办法。世上无难事只怕有心人，办法总比困难多，只要肯去想,肯去琢磨,总能找到解决问题的好办法。

英国哲学家阿尔佛雷德·诺思怀特·黑德说:"未来是丰富的,充满着各种可能性。有可能是成就,也有可能是悲剧。"

销售人员是欢庆成就,还是遭遇悲剧,就要看如何面对这些可能性了。为此销售人员必须针对不同的销售模式、场合,掌握相应的实战技巧,修炼自己说话、做事的能力,最终水到渠成,实现成交的目标。

这本《这样说顾客才会听 这样做顾客才会买》汇集了与顾客交流、沟通的实战技巧,既有销售大师的现身说法,又有尚未成功的销售人员的心得感悟。不管是成功的经验,还是失败的心得,都是弥足珍贵的,都有着现实的巨大意义。

工欲善其事,必先利其器,这些宝贵的经验教训是你征战商场的"利器",会帮助你在销售这条路上披荆斩棘,少走弯路。

目 录

第一章 打招呼，消除与顾客的陌生感
开口第一句话就让顾客满意 3
做销售，一张好嘴胜过一双好腿 6
学会对顾客微笑：微笑是最好的见面礼 9
用好销售礼貌用语 12
巧用幽默，让顾客感觉你很随和 15
第一次约见，怎样说好开场白 17

第二章 说实话，让顾客感到你是个实在人
诚信比成交更重要 23
"谎言"适度，业绩无数 26
用诚信博取小客户的好感和信赖 30

第三章 套近乎，拉近与顾客的距离
迎合顾客的兴趣找话题 35
赞美越具体，顾客离你越近 38
适当恭维，让顾客感觉有面子 40

把认真倾听当作一种高级恭维 43
利用空间距离拉近与顾客的关系 46
用谦卑的话，维护顾客的优越感 49

第四章 赢好感，把顾客当成朋友处

销售，98%是情感工作，2%是产品问题 55
没有关心就没有关系：销售从关心顾客开始 57
把满足顾客心理作为交际切入点 61
唤起顾客感激之情，让交易水到渠成 64

第五章 讲故事，唤起顾客的认同感

有故事的产品，顾客会更认同 69
讲自己"悲惨"遭遇，唤起顾客情感共鸣 73
用真实的故事打动顾客 76
销售员一定要会讲的五类故事 79

第六章 吊胃口，激发顾客的购买欲

调动顾客好奇心，让他爱上你的产品 83
利用"从众心理"刺激顾客的购买欲 86
利用稀缺效应激起顾客占有欲 90
描绘拥有产品后的幸福，激起顾客想象力 93

目 录

第七章 做内行，介绍产品头头是道

做个产品专家，全面了解所推销的产品　　99
根据顾客的需求介绍产品　　102
展示有多美妙，产品就有多诱人　　105
说得再好也不如让顾客亲自体验　　108

第八章 学专家，征服犹豫不决的顾客

让顾客感觉你是个产品专家　　113
以专家的口吻解答顾客的疑问　　116
必要时，用精准数据"秀秀"你的专业度　　118
做产品使用专家，把顾客吸引到身边　　120
做顾问式销售，为顾客提供问题解决方案　　122

第九章 摆优势，让顾客买到满意的产品

介绍产品一定要突出产品的"卖点"　　127
让优势看得见：对产品的功能进行现场演示　　130
让顾客参与对产品的评判和改善　　133
价值制胜：帮顾客分析买的合算不合算　　136
找到产品和顾客共通点，增强顾客认同感　　140

第十章 玩套路，让顾客听从你的引导

学会套路提问，有效引导顾客关注焦点　　145
先推销概念，再推销产品　　148
先把人情做透，再利益驱动　　150
"我不卖了"：给顾客一点儿威胁　　152
欲擒故纵，颠覆顾客认知　　155
借助环境的威慑力让顾客就范　　158
销售套路多，总有一种适合你　　161

第十一章 重承诺，有好产品更要有好服务

为服务"打包"，胜过为产品"打包"　　167
利用"真实保障"把顾客留住　　170
承诺要及时，不要让煮熟的鸭子飞了　　173
提供附加服务，让顾客愉快签单　　176
提高服务品质，打造"粉丝用户"　　179

第十二章 送优惠，顾客省钱你才能赚钱

帮助顾客把钱花在刀刃上　　185
保证让顾客得到"切实利益"　　187
要让顾客觉得自己占到了便宜　　190
让"免费的午餐"可信又可用　　194
成交前让顾客获得砍价的满足感　　197
巧用性价比，让顾客感到买的是便宜货　　200

目录

第十三章 善应对，好的销售员都是人际关系专家

柔性化解与顾客的纠纷　　205
"读懂"顾客话语背后的潜台词　　208
热情周到对待随和型顾客　　211
委婉含蓄对待虚荣型顾客　　214
真诚耐心对待精明型顾客　　217
干脆麻利对待外向型顾客　　220
温柔体贴对待内向型顾客　　223
创造让顾客无法抗拒的强大气场　　226
有拒绝才有销售：善于把危机化为转机　　229

第十四章 亮底牌，关键时刻透露产品小秘密

把产品带给顾客的好处说清道明　　235
家丑外扬：大胆亮出产品缺陷　　238
把产品价值当成打动顾客的杀手锏　　240
盘活产品潜力股，"话"出美好未来　　243

第一章 SALE
打招呼，消除与顾客的陌生感

第一章　打招呼，消除与顾客的陌生感

开口第一句话就让顾客满意

做销售工作苦恼之一是什么？毫不夸张地说，就是如何向顾客发出"最初的攻势"，即和顾客打好招呼，因为只有先和顾客打好招呼、搭上话，消除与顾客的陌生感，下面的推销工作才会顺利展开。但是很多销售人员却不知道如何跟顾客打好招呼，害怕跟顾客打招呼的销售人员比比皆是。

通常，如果能在第一时间抓住顾客的注意力，销售就等于成功了一半，而抓住顾客注意力的第一步就是打好招呼，如果打招呼不能让顾客满意，顾客自然不会停下脚步听你说话，更别说和你交易了。

很多销售人员认为：既然我的任务是卖商品，那最好看到顾客就开始介绍商品。结果，他们上来就把商品的性能、材质等有关产品的知识不管对方愿意不愿意听，一股脑儿讲了一大通，弄得顾客不胜其烦，一心想尽快脱离这里，又怎么可能驻足买你的商品呢？

可见，硬拉着顾客介绍产品是让顾客很讨厌的行为，因为你还没有消除顾客的戒备心，更别说抓到顾客的心，顾客就已经落荒而逃了。所以，学会如何让顾客很自然地对商品产生兴趣，如何开口说第一句话就让顾客愿意听你说、愿意与你交流，对销售的成功是至关重要的。

与顾客打招呼的核心要素是真诚，因为真诚的打招呼最能打动人。

首先要注意眼神的交流，俗话说，眼睛是心灵的窗户，如果能通过眼睛把自己的诚意传达给顾客，是最好不过的了。特别是一些目标并不明确的顾客，进到店里只是在"猎取"可能合适的商品，这个时候销售人员能送上温柔的目光，并适时地报以微笑，相信会获得对方的好感。

其次，要注意态度热情和真诚。有些顾客虽然心有所属，但是却不愿意主动询问销售人员，这个时候销售人员要迅速上前，热情服务，比如"您好，您需要些什么？"此类关心的询问代表着销售人员在意顾客的需要，愿意为顾客提供服务，往往能带给顾客更多的好感。

要注意的是，对于老顾客而言，打招呼就不是简单地询问需要什么了，而是最好能从他上次购买的产品入手，这样反而一下子拉近了你们的距离。这样，交情并不算深的销售人员和顾客之间便会立刻熟悉起来，接下来的交流就顺理成章了。

因此，面对老顾客不妨这样打招呼："很高兴再看见您，上次您买过的那件衣服感觉怎样？"或者"您来了，这次准备看点什么？"顾客感觉到你对他的关心，也就很乐意在你的帮助下选购商品。

再次，要注意灵活性。一些顾客不喜欢寒暄，喜欢直奔主题。对于这样的人，打招呼可以从商品本身入手，引领顾客进入消费的程序。

事实证明，寒暄在销售中并不是万能的，只要能学会抓住不同顾客的特点，灵活地运用各种打招呼的方法，就能抓住顾客的心，在销售中收获意想不到的效果。

销售商品的方法有很多，打招呼的方法也有很多。上面阐述的是打招呼的几个要点，具体方法则要区分不同情况酌情采用。

每个从事销售工作的人都想有好的业绩，而打招呼就好像是销售的"门面"，门面修好了，才能吸引顾客进来消费。

对于修好"门面"，有两点小的建议：

一是要学会突出品牌，欢迎顾客的光临很普遍，而欢迎顾客光顾某品牌则会显得与众不同，在打招呼的时候把自己产品的品牌加进去会获得顾客更大的关注。比如可以这样说："您好，欢迎光临××专柜。"

二是要学会留住顾客的脚步，卖场中竞争对手众多，怎么把顾客匆匆忙忙的脚步吸引到你的店里？最好能在和潜在顾客打招呼的时候就告诉他们你商品的特点，例如"亲爱的顾客朋友们，今年新款上市促销了！""××活动进行中，错过了您肯定会后悔哦！"等等具有吸引力的打招呼话语很轻易就能抓住顾客的耳朵和眼球。

第一章　打招呼，消除与顾客的陌生感

　　无论你面对的是什么样的顾客，只要细心观察他们的性格喜好，抓住与其攀谈的线索，就能创造良好的沟通氛围，真正从头至尾做到让顾客心情放松，宾至如归，满足他们的消费心理。就能够在最开始的时候，在你跟顾客说出第一句话的时候就让对方满意，愿意和你继续交流。

做销售，一张好嘴胜过一双好腿

民间有句俗话说："好胳膊好腿不如一张好嘴。"对于销售人员来说，这句话再合适不过了。销售人员经常在外面跑，一天做几个小时的车，然后见顾客的时间可能也就是几十分钟，但是这几十分钟却是十分关键的，决定了销售的成败，决定了你跑了这么远的路是不是白跑。可见，销售员有一双好腿固然重要，可是有一张好嘴则更重要。

三个年轻人到一家大型百货供应公司应聘销售岗位，三人都被留下试用了。老板交给他们一个任务，三天时间看谁销售业绩好，谁将最终被留下。三天后，老板亲自一一过问，轮到第三个年轻人时，老板问他做了几单买卖。这个年轻人说：只有一单。

老板很失望，因为另外两名销售员可比第三位年轻人勤快多了，每天从早忙到晚，平均每天都能拿下六七个单子，看来眼前这个年轻人有些懒啊！那没说的，优胜劣汰，可以让他走人了。老板心里这样想。他又随意问了一句："你这一单，多少销售额啊？"

接下来，年轻人的回答让老板大跌眼镜："30万美元。""什么，30万美元？"老板有些不太相信，半天才回过神来，又问："真的是30万美元，那你卖了多少货啊？"

"事情是这样的，"年轻人说，"有位先生想要钓鱼，却不知道自己该用什么样的鱼钩，因为他从来没钓过鱼，空闲时间充裕，又很有钱，所以想钓鱼打发时间。我告诉他，在海上或江面钓鱼所用的鱼钩是不一

第一章　打招呼，消除与顾客的陌生感

样的。大、中、小三种鱼钩和鱼线我给他各拿了一套，此外还拿了鱼杆、鱼篓、折叠椅。我又问他去哪儿钓鱼，他说他准备去海边，于是我就建议他买条船，我带他去了我们卖船的分公司，他选中了一艘20英尺长有两个发动机的帆船。"

听到这里的时候，老板已经惊讶得不行了，又问："接下来又发生了什么？"

年轻人接着说："接下来我发现那位先生的大众牌汽车拖不动新买的帆船，于是我将他带到我们的汽车销售部门，他选中了一款丰田豪华车。他出手阔绰，不过他确实需要这些产品。"

老板有些瞠目结舌："真是让人难以相信，那位先生仅仅想买两个鱼钩，你却卖给他这么多东西。"

听到这儿，年轻人笑着说："不是这样的，他只是从我们这里路过，进来问我明天的天气如何，我告诉他明天天气晴朗，建议他明天去钓鱼。然后，我就把他需要的产品介绍给他了！"

这个案例可谓好嘴胜过好腿的经典案例，这个年轻人之所以创下销售奇迹，主要得益于两点：一是对商机的敏感把握；二是出色的口才。

"口能言之，国宝也。""三寸之舌可胜百万之师。""善言可息怒，良言胜重礼。"这些都是对口才艺术的高度认可。可以说，在人的各种能力中，说话能力是最能表现一个人的才干、见识、智慧和水平的标志。

成功学大师卡耐基曾说过这样一句话："一个人的成功，有15%取决于知识和技术，85%取决于沟通——发表自己意见的能力和激发他人热忱的能力。"可见，口才能力对于人的成功起着多么关键的力量。

如果拥有了才识、技能以及宝贵的经验，你还没有成功，甚至距离成功还很遥远，那么，你欠缺的可能就是良好的口才能力，它让你的才识、技能、经验无法得到完好的展示和发挥，你的综合实力因此大打折扣，因此让你与成功咫尺天涯。

**这样说顾客才会听,
　这样做顾客才会买**

对销售行业而言,出色的口才能力尤为重要,因为销售是如何说、如何做的艺术,说对了,说好了,事半功倍,四两拨千斤。反之,说拧了,说错了,则事半功倍。

第一章　打招呼，消除与顾客的陌生感

学会对顾客微笑：微笑是最好的见面礼

微笑，很简单，几乎人人都能做到，但是能一直保持微笑就难了。英国研究人员发现，人们通常会认为那些微笑着注视自己的人更有魅力，所以销售人员在和顾客打招呼、交谈的时候，如果能同时报以微笑，就等于递出了自己的一张名片，传递了这样的信息——很高兴见到您，很高兴与您认识，很高兴与您交谈。

心理学家曾经做过一个实验，要求志愿者评价呈现在电脑屏幕上的两张人脸图片哪个具有魅力。为了消除人脸的物理特征对偏好的影响，每次呈现的两张图片都是同一个人的照片，只是面部表情或者眼睛的注视方向不同。

实验结果发现，志愿者认为那些微笑的脸更具魅力，并且那些注视着志愿者的脸比注视着其他方向的脸具有更高的"魅力指数"。可见，人们更喜欢那些微笑着注视着自己的人。

在销售中，销售人员给顾客留下的第一印象是很重要的，可以说第一印象是双方交流的开始，在很大程度上影响着顾客以后对你的看法甚至感情，也很有可能决定着将来能不能成交。所以要顾及自己的形象就要始终保持真诚的微笑。

微笑的价值是无穷的。人在微笑的时候精神是很放松的，这样的状态能吸引顾客主动和你交谈，而当你充满笑意的眼睛和顾客的目光相遇的时候，你会将放松的状态传递给对方，这样销售人员和顾客之间的气氛就缓和了不少，交流起来也就方便多了。所以不妨时刻提醒自己递出微笑的名片，以赢得顾客的好感。

于欢在一家报社任发行总监，他原来并不是做报纸发行的，而是一家印刷厂的厂长。他事业做得不错，社交场合也是应付自如，左右逢源。但是有一点，他不管做什么事，总是喜欢绷着脸，对自己的员工更是如此，因此不少员工背后都叫他"老虎"。

在他创办印刷厂的第五个年头，厂里的很多骨干纷纷跳槽走了，他采取了很多措施挽救流失的员工，最后仍无济于事，印刷厂也倒闭了。后来于欢终于想明白了，之所以自己的员工流失，是因为自己不会微笑。于欢后来应聘一家报社的发行部，他知道自己的弱点在那里。于是制作了一种独一无二的"微笑名片"，名片上除了姓名和联系方式外，没有任何头衔，只印有一行醒目的字"你微笑，世界也微笑"，同时于欢在给顾客递出名片的时候总是保持善意的微笑，不管谈判过程多么激烈，他总是能保持微笑。

正因为如此，短短8个月的时间，于欢就把报纸的发行业务搞得红红火火，对于日益激烈的报纸行业来说，于欢的业绩可谓是惊人的。不久于欢就被提拔为发行总监。

微笑虽然轻而易举就可做到，但是微笑时要把握住一些细节，才会使微笑恰到好处，起到应有的效果。

1. 微笑的时机

什么时候展露你的笑容很重要，应该在你与交往对象目光接触的那一刻展现真诚微笑，表达友好。如果在与对方目光接触的那一刻还延续之前的表情，即使当时是微笑，也会让人感觉不是为自己而笑，从而感受不到你的真诚。

2. 微笑的层次变化

在与顾客交流的过程中，保持微笑是必要的，但程度却不是一成不变的，而是要有所变化，要有收有放。什么时候适宜浅浅一笑，眼中含笑；什么时候需要热情微笑、鼓励微笑，都是有讲究的，要根据交往过程中的交流情况和个人特点自然、随机地发生变化。

3. 微笑维持的长度

微笑是有长度的,最佳时间长度不宜超过 3 秒钟,时间过长会给人一种假笑或不礼貌的感觉。但也不宜时间过短,一闪即逝,同样会给人一种突兀和无礼的感觉。

这与整个交往过程中,保持微笑是不矛盾的,因为在微笑的启动和收拢的过程中也蕴含着微笑的表情,并不是只有 3 秒钟的表情是微笑的。另外,再配合微笑中的层次变化,交往过程中就可一直保持微笑了。

如果你还不会真诚、自然地微笑,可以做以下练习,它会帮助你完成这个重要的礼仪环节。

(1)放松面部肌肉,微微向上翘起嘴角,使嘴唇略呈弧形。

(2)保持鼻子不被牵动、不露出牙齿以及牙龈的情况下,轻轻一笑。

(3)眉部、眼部、面部、口形在微笑时要保持和谐统一。

(4)为了使微笑真诚、自然,发自内心,可以在内心回忆美好的事物,这样的微笑真诚不做作。

微笑就是一张让顾客难以拒绝的名片,可以有效消除和顾客的陌生感,为接下来的推销工作打好基础。而微笑的标准,最起码的一点就是要发自内心地笑。对顾客来说,如果销售人员硬生生地挤出笑容,倒还不如不要笑。发自内心的微笑才具有感染人的魅力,才会让顾客从心底里接受你。

用好销售礼貌用语

俗话说:"良言一句三冬暖,恶语伤人六月寒。"礼貌用语就属于"良言"之列。礼貌用语是尊重他人的具体表现,是友好关系的敲门砖,同时,也是打招呼的必要用语。

俄国一位著名的哲学家曾经说:"生活中最重要的就是礼貌,它比一切学识以及最高智慧都重要。"虽然这句话有些过,但是生活中礼貌用语确实是必不可少的,它的作用和力量不容忽视,也不应该被忽视。

作为一个销售人员,在销售过程中,如果能恰到好处地用"谢谢""对不起""请""让您久等了"这些礼貌用语与顾客交流,必然有利于和顾客的沟通,有利于增进双方的关系。很多时候,一句得体的礼貌用语往往可以不费劲地打开顾客的心灵之门。

例如,销售人员在见到顾客时,通常会说:"你好,吴先生,感谢你在百忙之中抽出时间来接见我,我是……"这样打招呼表现出了自己的修养,同时也满足了对方的一种心理需求——被尊重的需求。这样,对方多半会心情愉快地接受你的请求,愿意和你进一步交谈。

销售中,经常会用到的礼貌用语有很多,例如:您好、谢谢、抱歉、再见、请多关照、合作愉快等。

"您好"表示对顾客的尊重,"谢谢"表示对对方的感激,"很抱歉"表达自己的一种愧疚的心理。"对不起"是对不周到或者对顾客的要求无法做到时的歉语。在说这些礼貌用语时,语气一定要真诚,这样才能让对方感受到你是发自肺腑地表达,否则容易适得其反,让对方产生反感。

实际上,销售中要用到很多其他礼貌用语。总体来说,礼貌用语一

第一章 打招呼，消除与顾客的陌生感

般可分为问候语、欢迎语、致歉语等几种不同类型，下面分别予以简单介绍：

问候语，一般不强调具体内容，只表示一种礼貌。在使用上通常简洁、明了，不受场合的约束。无论在任何场合，与顾客见面都不应省略问候语。同时，无论顾客以何种方式向你表示问候，都应给予相应的回复，不可置之不理。

与顾客交谈时，常用的问候语主要有："你好""早上好""下午好""晚上好"等。与外国人见面问候招呼时，最好使用国际间比较通用的问候语，例如，英语应用 How do you do？（你好）等。

欢迎语，是接待来访顾客时必不可少的礼貌语，例如"欢迎您""欢迎各位光临""见到您很高兴"等。

致歉语，在销售过程中，有时难免会因为某种原因影响或打扰了顾客，尤其当自己失礼、失约、失陪、失手时，都应及时、主动、真心地向顾客表示歉意。常用的致歉语有"对不起""请原谅""很抱歉""失礼了""不好意思，让您久等了"，等等。当你不好意思当面致歉时，还可以通过电话、手机短信等其他方式来表达。

请托语，是指当销售人员向顾客提出某种要求或请求时应使用的必要的语言。当你向顾客提出某种要求或请求时，一定要"请"字当先，而且态度语气要诚恳，不要低声下气，更不要趾高气扬。常用的请托语有"劳驾""借光""有劳您""让您费心了"等等。

征询语，是指在与顾客交谈中，应经常地、恰当地使用诸如"您有事需要帮忙吗""我能为您做些什么""您还有什么事吗""我可以进来吗""您不介意的话，我可以看一下吗""您看这样做行吗"等征询性的语言，这样会使顾客感觉受到尊重。

赞美语，是指向顾客表示称赞时使用的用语。在拜访中，要善于发现、欣赏顾客的优点长处，并能适时地给予对方以真挚的赞美。这不仅能够缩短与顾客的心理距离，更重要的是它能够体现出你的宽容与善良的品质。常用的赞美语有"很好""不错""太棒了""真了不起""真漂亮"等。面对对方的赞美，也应做出积极、恰当的反应。例如，"谢谢您的鼓励""多

亏了你""您过奖了""你也不错嘛"等。

拒绝语，是指当不便或不好直接说明本意时，采用婉转的词语加以暗示，使顾客意会的语言。在销售过程中，当顾客提出问题或要求，不好向对方回答"行"或"不行"时，可以用一些推脱的语言来拒绝。例如：当顾客的要求超出了你的权利范围，你可以委婉地说：

"对不起，这个问题我必须请示一下我们领导，能否麻烦您稍等一会儿我再给您答复？"

告别语，虽然给人几分客套之感，但也不失真诚与温馨。与顾客告别时神情应友善温和，语言要有分寸，具有委婉谦恭的特点。例如："再次感谢您的光临，欢迎您再来""非常高兴认识你，希望以后多联系""十分感谢，后会有期"等。

绝大多数销售人员都知道这些礼貌用语，但是他们中有很多人却忽视使用这些礼貌用语时的注意事项，这样就容易造成这样一种情形：礼貌用语用了很多，但是却没有获得顾客的好感。主要原因就在于使用礼貌用语时没有注意和肢体语言进行良好配合。那么，在说礼貌用语时需要肢体语言如何配合，才能让礼貌用语发挥应有的作用呢？可参照下面三点：

1. 说礼貌用语时，语气要温和亲切，声音不能太高，也不能太小，更不要嗲声嗲气，否则，都很难让顾客产生好感。

2. 注意仪表神情，态度要适当谦恭。不能把姿态抬得太高，也不能放得太低，这两种都是不受欢迎的。姿态抬得太高，说话难免趾高气扬，即使是礼貌用语，也会让对方感觉你很做作；姿态放得太低，说话难免卑躬屈膝，这种情况下使用礼貌用语会让顾客误认为你是曲意逢迎。

3. 使用礼貌用语要有分寸，不能说得太多，也不能在不该省略的地方省略，以免给顾客留下不庄重的感觉。

总之，作为销售人员一定要谨记，在和顾客打招呼或者交谈时，礼貌用语不可或缺，同时也应该牢记使用礼貌用语时需要注意的事项，这样才能让礼貌用语发挥应有的作用，赢得顾客的好感，拉近和顾客之间的距离，为成功销售打下良好基础。

第一章　打招呼，消除与顾客的陌生感

巧用幽默，让顾客感觉你很随和

凡是优秀的销售员都具有非凡的亲和力，具备亲和力的推销员才更容易跟顾客建立良好关系。彼此间有了良好的关系，生意就会很顺利地谈下去。

那么如何让自己拥有非凡的亲和力呢？在众多方法中，具有幽默感是行之有效的一种方法，它会让陌生人瞬间变得与你一见如故，日本保险业的推销之神原一平是这方面的表率，看看他是如何做的：

一次，原一平到一家去推销保险，一见到对方他就来了个自我介绍：

"你好！我是明治保险的原一平。"

"喔……"对方的回答有些漫不经心。

对方端详他的名片有一阵子后，慢条斯理地抬头说："两三天前曾来过一个某某保险公司的推销员，他话还没讲完，就被我赶走了。我是不会投保的，所以你多说无益，我看你还是快走吧，以免浪费你的时间。"

此人干脆利落，他考虑真周到，还要替原一平节省时间。

"真谢谢你的关心，你听完我的介绍之后，如果不满意的话，我当场切腹。无论如何，请你拨点时间给我吧！切腹，难道你不想看吗？"原一平一脸正经，甚至还装得有点生气地说。对方听了忍不住哈哈大笑，问："你真的要切腹吗？"

"不错，就像这样一刀划下去……"原一平一边回答，一边用手比划。

"那你走着瞧吧！我非要你切腹不可。"

"来啊！既然怕切腹，我非要用心介绍不可啦！"

这样说顾客才会听，这样做顾客才会买

话说到此，原一平脸上的表情忽然从"正经"变为"鬼脸"，顾客和他不由自主地一起大笑了。

上面这个事例的重点，就在设法逗顾客笑。只要你能创造出与顾客一起笑的场面，就突破了陌生这道难关，拉近了彼此的距离。下面让我们再看他的另一个实例：

"你好！我是明治保险的原一平。"

"哦！明治保险公司，你们公司的推销员昨天才来过。我最讨厌保险了，所以他昨天被我拒绝啦！"

"是吗？不过，我总比昨天那位同事英俊潇洒吧！"他跟对方开了一个小玩笑。

对方一脸正经地说："什么？昨天那个仁兄长得高高的，比你好看多了。"

"矮个儿没坏人，再说辣椒是越小越辣！俗话说'浓缩的都是精品'吗？这句话可不是我说的，不过用在我身上正合适，就好像是为我量身打造的。"

"哈哈！你这个人真有意思。"顾客忍不住笑了。

当两个人同时开怀大笑时，陌生感就消失了，彼此的心在某一点上实现了相通。对一个销售人员而言，能创造一个与顾客齐声大笑的场面，必定是一个成功的前奏。

幽默是一种丰富的养料，具有特殊的力量，美国第一任总统华盛顿曾经说："世界上有三件事是真实的——上帝的存在、人类的愚蠢和令人好笑的事情。前两者是我们难以理喻的；所以我们必须利用第三者大做文章。"

一个销售员如果掌握了幽默的武器，适时将故事、笑话运用在谈话中，将使语言更生动有趣，也必将有助于与顾客的交流沟通。

第一章　打招呼，消除与顾客的陌生感

第一次约见，怎样说好开场白

对于销售而言，开场白指的是销售人员接触目标顾客时，在最开始向对方所讲的话。成功的开场白应具有非凡的吸引力，能够迅速激起顾客的兴趣，让对方在繁忙的事务中愿意抽出时间来听你深入介绍产品或解说详情，从而为最终达成交易迈出关键的一步。

开场白有很多种，陈诉式、请教式、悬念式、他人引荐式，等等，无论哪一种开场白，礼貌都是最重要的，正所谓凡事礼貌先行，不讲礼貌的开场白只会引来对方的反感，令双方不欢而散。因此，礼貌可以说是开场白的"生命"。

比如，销售员在初见顾客时，这样说："感谢你在百忙之中抽出时间来见我，我是……"这样做既表达了对顾客的感激之情，也表现出了自己的修养，同时也满足了顾客的一种心理需求——被尊重的需求。这样一来，顾客就会不知不觉地对这个销售员产生好感，从而愿意和对方进一步交谈。

下面4类开场白是第一次约见顾客时，比较常用的，它们会给顾客一种很受用的感觉，容易被其所接受，不妨用心揣摩一下：

1. 设置悬念式

很多销售人员在拜访顾客时往往不知道该如何开场，由此在还没有见到正主或者没有谈到正题的时候，就被打发走了，因此一定要事先设计好开场白。悬念式开场白在一定程度上可以避免这一点。

一保险推销员前去拜访顾客，见到顾客后，他问道："马总，请问

您要买救生圈吗?"

顾客回答:"我买救生圈干什么,我不需要。"

推销员继续问道:"如果某天您乘坐一艘小船去海里玩,结果发生意外,小船漏水了,逐渐地下沉,这个时候您需要一个救生圈吗?"

"这种情况下,当然需要了。这还用问吗?你要说什么?"顾客虽然不高兴,但显然有了兴趣。

"不过,这时候它的价格可能要远高于平时,甚至是平时的几百倍几千倍,您还愿意购买吗?"

"如果命都没了,再多的钱又有什么意义!"顾客很自然地回应道。

"既然这样,如果现在您能提前支付购买一个救生圈的钱,那么以后万一遇到这种危险情形,您就不必再花费巨大的代价去购买它了,您愿意吗?"

这时顾客恍然大悟,知道眼前这个销售员说这番话的用意所在了。

这个保险销售员用的就是设置悬念式开场白,巧妙地向顾客提供了这样一种建议:生活中风险无处不在,意外、疾病、灾难等随时都有可能发生,购买保险可以未雨绸缪,为自己或家人提供更多保障。顾客受好奇心的驱使,不知不觉顺着对方的思路走,直至中了"招"。

2. 他人引荐式

如果你能够找到一个顾客认识的人,并且愿意为你们牵线搭桥的话,那么你自然可以这样说:"张总,是您的朋友马女士介绍我与您联系的,说您近期想添几台电脑……"

再比如:"祁总,您好。我是你的好朋友魏总介绍来的。""吴先生,您好,您大学同学王宁介绍我来见您的。"

这种开场白就是引荐式开场白,这种开场白的效果是很显著的,这一方法依据的是社会心理学中的熟识与喜爱原理,人们总是愿意答应自己熟识与喜爱的人提出的要求。

3. 请教问题式

很多人都有好为人师的特点,因此,销售人员可以利用人的这种心理特点特意找一些不懂或假装不懂的问题向顾客请教,借此打开交往的大门。这种开场白就是请教式开场白。

比如你可以说:"程总,在机械方面您是专家。这是我们公司研制的新型机器,您看看它的结构是否合理?适不适合贵公司使用?"

通常这样抬举一番,对方一般会心情愉快地接受你的请求,这样就开了一个好头,为后续的销售打下良好的基础。

4. 连环追问式

有一些销售人员在好不容易成功约见客户后,常常直白地问道:"请问您对××产品有兴趣吗?""您要不要购买××产品?"对于这种突如其来的问题,对方的回答显然就是一句很简单的"不",结果销售人员只能铩羽而归。

那么如何才能打破这种尴尬的局面,让销售人员能掌握谈话的主动权,从而继续推进销售进入下一个环节呢?实践证明,在很多情形下,使用连环追问式的开场白具有很好的效果。

世界著名推销大师托德·邓肯在向对方推销时,总是先和对方说一些让对方认可的话。当他问过五六个问题,并且对方都认可了,再继续问其他关于购买方面的问题,这时对方仍然会点头,这个惯性一直保持到成交。利用这种方法,托德·邓肯收获了很多大额保单。

看下面的对话:

"哎呀,好可爱的小狗!是一只松狮吧?"

"是的。"听到这样的赞美,顾客很高兴地回答道。

"您看这双眼睛,真漂亮!养宠物很不容易,您一定每天都花不少时间去照顾它吧?"

"是啊,花费了不少精力,不过这是一种爱好嘛,所以也就不觉得辛苦了。"

"您希望给它找一个好玩伴吗?"

"当然了,我一直这么想的。"

"真是巧,我还真有一个合适的目标。"

这样说顾客才会听,这样做顾客才会买

……

双方的交谈渐入佳境。由此可见,销售人员在初次与顾客交谈的时候,首先提出容易被对方接受的话题,等谈得投机了再进入正题,这样对方就容易接受了。

第二章 SALE
说实话,让顾客感到你是个实在人

第二章 说实话，让顾客感到你是个实在人

诚信比成交更重要

诚信是诚实、守信的浓缩，是做人的基本准则，对销售来讲，诚信是销售人员要恪守的重要职业道德，在销售工作中发挥着非常重要的影响力。可以说，没有诚信，就没有长久的交易，从这个角度上讲，向顾客销售产品，就是在向顾客推销你的诚信。

据美国纽约销售联谊会统计：70%的人之所以从某一个固定处购买产品，是因为他们喜欢、信任和尊敬某个销售员。因此，要想使交易成功，诚信不但是最好的策略，而且是唯一的策略。

"赫克金法则"源于美国营销专家赫克金的一句名言："要当一名好的销售人员，首先要做一个好人。"这也是强调了营销中要讲究诚信。

美国有关一项销售人员的调查表明，优秀销售人员的业绩是普通销售人员业绩的300倍的真正原因与长相无关，与年龄大小无关，也和性格内向外向无关，而与诚信有关。简单说，要想使顾客接受你，想让自己的销售业绩好，就要做一个诚实守信的人。

销售做得好的人必定是讲究诚信的人，在销售活动中，他们实事求是，言必信、行必果，以信用为先，以品行为本，从而获得顾客信赖，并放心地与他做交易。

日本山一证券公司的创始人小池出身贫寒，20岁时他在一家机械公司谋到一份推销员的工作。曾经有一段时间，他推销机器非常顺利，不到半个月的时间就与33位顾客达成了协议。但是合同签订之后，他发现公司出售的机器比其他公司生产的同样性能的机器价格贵了很多。他想，与他订货的顾客如果知道了，一定会对他的信用产生怀疑。于是，深感不安的他立即带上订货单、合同书以及定金，整整用了三天的时间逐个拜访顾客，然后非常诚恳地向顾客说明他推销的机器比其他公司的贵，可以解除合约。

这种诚实的做法使所有的顾客都深受感动，结果33位顾客中没有一人毁约，相反，他们加深了对小池的信赖和敬佩。消息不胫而走，从那以后，人们都知道小池非常诚实，纷纷向他订购机器。

诚实不但使小池财源广进，而且还让他与顾客建立起牢固的互信关系，促进他的推销工作顺畅长久地进行下去。

在当今竞争日趋激烈的市场条件下，信誉已成为竞争制胜的极其重要的条件和手段。唯有讲究诚信，赢得顾客的信赖，才能让自己的销售之路走得稳、走得远。谁损害或葬送了信誉，谁就要被顾客所抛弃，被市场所淘汰。

林肯曾经说过：一个人可能在所有的时间欺骗某些人，也可能在某些时间欺骗所有的人，但不可能在所有的时间欺骗所有的人。这个道理同样适用于销售行业，适用于销售人员。在一个信息传播日益迅速的市场环境下，销售人员不讲究诚信的行为是很容易被看破的，即便偶尔获得了成功，这种成功也是相当短暂的。要想赢得顾客的信赖，让自己的销售之路走得远，诚信才是永久的、唯一切实可行的办法。

美国销售专家齐格拉对不讲究诚信的销售人员将会遭遇到什么进行了深入分析：

一个能说会道却心术不正的人，能够说得许多顾客以高价购买劣质甚至无用的产品，但由此产生的却是三个方面的损失：一是顾客损失了钱，也多少丧失了对销售人员的信任感；销售人员不但损失了自重精神，还可能因这笔一时的收益而失去了成功的推销生涯；而对整个行业来说，损失的是声望和公众的信赖。

那么，在销售活动中，销售人员如何表现自己的诚信呢？可参考下面所列出的几方面：

第二章　说实话，让顾客感到你是个实在人

1. 不作夸张虚假的宣传

有些推销员把自己推销的产品夸赞得好的没边，歪曲了事实。显然，这种做法是不可取的，有百害而无一利。

2. 避免说自相矛盾的话

这一点很重要，也许你讲话过快，以至于中心意思不够突出，或者你表达能力较差，无法有序表达自己的观点，致使你前后所说的话相互矛盾，让顾客糊涂，这样就会影响你的信誉。顾客不相信你的介绍，自然就不会买你的产品。

解决的办法是耐心等待，直到自己的声带与大脑完全合拍，这样再开口介绍则基本不会出现任何问题了。

3. 表现出宽容

对顾客的不适当批评和指责要解释，但态度不能生硬、过激。要摆事实，讲道理，说真话，但要避免使对方感到困窘。

4. 不为他人做托

作为销售人员，会经常遇到别人要求你为他说谎，或为他们掩饰实情。但是请你记住，对此要坚决予以拒绝，因为这会毁掉你长期积累起来的信誉。一个诚信的销售员是不会要求别人替自己说谎的，而你同样应该如此。

"君子以信为大宝也。"没有诚信，就没有长久的生意，因此，要想使自己的销售之路走得长远、走得稳健，就不能丢弃诚信这块为人处世的法宝。

这样说顾客才会听，
这样做顾客才会买

"谎言"适度，业绩无数

不可否认，讲究诚信是为人做事的一条重要准则，但是任何事情都不宜绝对化，什么事都有其两面性，讲究诚信也是如此，不能说讲究诚信，就要反对一切形式的谎言，这样事情就绝对化了。而绝对化的事情通常是既不符合科学发展观，又不为现实所接受。所以既不可谎话连篇，亦不适宜绝对诚实，这里面有个机智灵活的问题。

看这样一个故事：

一个流浪者满脸沧桑地出现在一座修道院里，他告诉修道院院长自己是一个爱讲真话的人，可是他的诚实却招来了人们的反感，他成了到处不受欢迎的人，无处栖身，到处流浪。

修道院长是个"热爱真理，并且尊重那些说实话的人"的人，于是，他不顾众人的反对，将流浪者留在修道院里安顿下来。

修道院里有几头不好用的牲口，修道院长打算将它们卖掉，可是他怕修道院里的人欺骗他，把卖牲口的钱中饱私囊。这时，他想到了流浪者。于是，他就叫这个诚实的人把两头驴和一头骡子牵到集市上卖掉。

诚实人听话地将两头毛驴和一头骡子牵到集市。有一些买主围了上来。诚实的人告诉围观的人："尾巴断了的这头驴原来有尾巴，但是由于很懒，有一次，长工们想把它从泥里拽起来，一用劲，将它尾巴拽断了。那头秃驴性子倔，不想走的时候，无论怎么抽它都不走。那头骡子呢，牙口不大好，而且腿上还有伤。"最后他还得意地问大家："如果干得了活，修道院还会把它们卖掉吗？"

第二章　说实话，让顾客感到你是个实在人

结果买主们听了这些话都摇头离开了。这些话在集市上很快传开了，因此一直到晚上，也没有人来过来问询。于是，诚实人又把它们牵回了修道院。

听诚实人讲述完集市上发生的事，好修养的修道院长也禁不住十分生气："朋友，那些把你赶走的人是对的，你这样的人没有人欢迎！我虽然喜欢实话，可是，我却不喜欢那些跟我的腰包作对的实话！所以，你还是赶紧走吧，爱上哪儿就上哪儿去吧！"

可见过于诚实、绝对诚实换来的往往是无端的伤害。当然这不是鼓励人们去说假话，这里面有原则要讲，要具体情况具体分析，不能搞一刀切。

销售大师乔·吉拉德说："诚实是销售的最佳策略，而且是唯一的策略，但是绝对的诚实却是愚蠢的。"这句话看似矛盾，实际上并不矛盾，正如上面所说，这里面有原则要讲。那么，在销售中，该如何界定诚实与谎言的使用原则呢？

原则的事必须诚实

什么是原则的事？举例来说，你销售的抽油烟机没有免洗功能，就不能跟顾客讲这款抽油烟机有免洗功能，因为这关系到顾客的切身利益。直接关系到顾客切身利益的就属于原则之事，也就不能说谎，而一定要说实话。

非原则的事适度说谎

原则之外的事，比如，为了取悦顾客，可以对顾客说些与事实不相符的谎言，比如：夸奖普通顾客阅历丰富、眼光独到；说顾客淘气的孩子真聪明、真可爱；说穿着一般的顾客打扮时尚、国际化。通常，如果奉承得体、适度，被夸奖的顾客会沾沾自喜，充满成就感，从而愿意与你交流、打交道。

善意的谎言不仅不会伤害到对方，而且还往往会赢得对方的欢心，促进彼此的关系向前发展。只要不盲目吹嘘，不偏离产品的基本使用价值，掌握好分寸，适度说谎，就可以帮助你提高业绩，让你的忠实顾客越来

越多。

借助语气表露你的真诚

人和人之间肯于交流、愿意交流,往往依靠的就是一份真诚。一个人如果没有真诚,谁愿意真心和他交往呢?因此,与人交往,一定要表现出自己的真诚,销售人员在和顾客交往时更应该注意这一点,要用真诚去打动对方,用真心卖出你的产品。而要想让顾客感受到你的真诚,一个不容忽视的方面就是你说话时的语气。从说话语气中流露出的真诚能够获得顾客的认同和好感,从而让对方愿意和你进一步接触。

可以从以下两个方面开始学习和修炼。

如果是面对面地和顾客交流,那么可以利用面部表情和眼神来辅助语气发挥作用。

首先,交流时要面带微笑,微笑有特殊的作用,可以在极短的时间内打通陌生人之间的情感通道,是人际交往的润滑剂。在销售活动中,很多时候,销售人员面对的是陌生的顾客,如果在与之交流时,销售人员表情僵硬,甚至冰冷漠视,缺乏亲切的微笑,那么无论你的语气有多真诚,语言有多动听,对方也会因为你僵硬、冷漠的表情而与你心存隔阂,感受不到你的真诚。所以在与顾客交流时,销售人员脸上一定要带着真诚、温和的微笑。

其次,要借助眼神的辅助作用。在与顾客交流时,销售人员要学会用眼神表达自己的诚意,这也是辅助语气表现自己真诚的一种方式。作为销售人员,你很可能会遇到这样的情况,你非常真诚地去和顾客交流,但是对方的脸上还是流露出不信任的神情。此时,你该怎么办呢?一方面你要注意一下自己说话的语气,另一方面就是要注意自己的眼神。面对顾客时,要尽可能地让顾客看到你的眼睛,把真诚通过你的眼神传达给顾客。

如果不是与顾客面对面地交流,而是通过电话与顾客交流,这种情况下,没有了表情和眼神的辅助作用,语气的表现就尤其重要了。那么在语气上应该注意什么呢?

第二章　说实话，让顾客感到你是个实在人

1. 语气不要生硬

在电话销售中，给顾客传达信息的唯一方式就是你的语言，此时语气的好坏对销售的成功起着决定性作用。因为对方看不到你的表情、眼神以及其他肢体语言，只能从你的语言尤其是语气中了解你、认识你。如果你的语气很生硬，对方很可能觉得你没有亲和力，不够真诚，从而不愿意与你打交道。

就顾客而言，他们常常会不自觉地抬高姿态，他们喜欢销售员以低姿态和他们交流，如果销售员的语气过于生硬，他们的这种心理就得不到满足，因此他们也可能会认为销售员并不是诚心想要和他们做交易而拒绝进一步交谈。因此，销售员在通过电话与对方交流时，切忌语气生硬，而应保持柔和，这样的语气会显得真诚一些，顾客听了也会觉得舒服。

2. 语气不要过于夸张

一般来说，语气夸张的人通常会给人一种不可信任的感觉，在销售时更是如此。可能在平时说话时你习惯用夸张的方式来吸引别人的注意，但是在和顾客电话沟通的时候，一定切记不要使用这种方式。因为你的顾客并不了解你或者根本不认识你，如果交谈时你说话的语气太过夸张很可能给他们留下不好的印象，他们会因此怀疑你的诚意。

3. 语气要流露出赞赏

赞美的语言最能赢得人心，相信没有谁会拒绝一个真心夸赞他的人，而且你的夸赞会让顾客觉得你很用心地了解他们，可能会让他们有一种自我满足感，从而感受到你的真诚，并愿意跟你合作。

总之，无论是与顾客面对面地交流，还是通过电话进行交流，都要努力使自己的语气平和、谦逊，表露出真诚，再以面部表情和眼神配合，最终使顾客感受到真诚，为销售成功打下良好的基础。

这样**说**顾客才会听,
　　这样**做**顾客才会买

用诚信博取小客户的好感和信赖

　　销售人员应该清楚,顾客对自己的信任和好感是合作的基础,尤其是对待小客户,销售人员更应该注意自己的态度。用坦诚去感动对方,成交的主动权也就转移到你这里来了。、

　　岛村以5角钱一条将麻绳大量买进来后,又照原价卖给东京一带的小纸袋工厂。完全无利润反而赔本的生意做了一年之后,"岛村的绳索确实便宜"的名声传扬四方,订单源源而来。

　　于是,岛村又按部就班地采取了第二步行动,他拿着收据前去与订货客户说:"到现在为止我是一分钱也没有赚你们的,但如若长此下去,我只有破产这一条路了。"他的坦诚感动了用户,用户心甘情愿地把订货价提高到了五角五分。

　　与此同时,他又对供货商说:"你卖给我五角钱一条的麻绳,我是照原价卖出去的,照此下去,这种无利而赔本的生意,我是不能再做下去了。"厂商看到他给客户开的收据和发票,于是很痛快地答应以后每条绳索以四角五分的价格供应。这样,一条绳索就赚了一角钱,这样一来,他的利润就很可观了。

　　坦诚使他开始吃了亏,但最终却感动了顾客,也感动了供货商。这实际上是一种非常高明的技巧,只有那些胆识谋略过人者才敢这么做。

　　实际上,小客户更敏感于销售人员的态度,他们喜欢说实话的推销员,讨厌那些夸夸其谈,说话满嘴跑火车的家伙。事实上缺乏坦诚常常使推

第二章　说实话，让顾客感到你是个实在人

销员处于不利地位。例如，一位顾客在试穿一件上衣，问销售人员："它看上去怎么样？""不错，挺好的。"推销员说。然后，这位顾客再试一件西裤，而它的风格和原来试穿的上衣完全不同，但他仍用一种试探的口气问推销员："这件怎么样？它适合我吗？"而销售人员脑子都不过一下就迎合他说："不错，很漂亮。"

这位顾客立即意识到推销员在用一种不坦诚的态度对待他，因为自己明显地感觉到不合适。推销员根本就没有说实话，他唯一目的就是把东西卖出去。愚笨的销售员会马上被顾客识破，自然而然地，顾客也就不会轻易地信任他并在他那里购买东西。

坦诚，朴素和大方对销售员具有非常重要的影响力。要想让人相信你，把自己的需求告诉你，买你的东西，不是利用滔滔不绝的话语作诱导，除却产品因素外，更多的原因在于销售人员的个人魅力和品格。

一天，鲍罗尔去推销保险。见到保户后，发现客户家里并不是太富裕，经济负担还挺重。于是鲍罗尔深表同情地说了自己身边的一个故事。他说：

"看到你，我就想起我的一位姐姐，她也是曾经困难过，她创办了一个互助会，是以邻居亲友为主组成的，她是会首，每个月会员交上来给我姐姐保存的互助费大约有一万美元。自从姐夫病重后，姐姐因互助会和家庭的事不堪重负，一些会员担心她一手创办的互助会会垮掉。但她再三解释：'无论如何不会让大家吃亏的。难道你们都不相信我的为人吗？我不曾非法拿过大家一分一毫。'

"虽然姐姐这样说，邻居亲友的疑虑还是无法消除。一位姐夫好朋友的太太，一大早就来说：'我们家最近买房子，贷款本息负担很重，能不能商量一下，把会费还给我们。'我姐姐当时真正感到世态的炎凉，说不出话来。那位朋友的太太仍不死心地缠着，她说，她是不得已才这样要求的。

"'太太，我丈夫和你丈夫是多年的知心朋友，你这样苦苦相逼，叫我很心痛。'我姐姐说。'能不能提取呀？如果不行，你就把我缴过的会费还给我好吗？利息就算了。'

这样说顾客才会听，这样做顾客才会买

"当时场面尴尬起来，姐姐本想把丈夫有张人寿保单的事说出来，但是心想，那样说好像期盼他早点去世，于心不忍。

"当时，姐姐已盘算过，即使她的丈夫去世，以自己的收入加上保单赔偿，互助会是不会有问题的……"

鲍罗尔给他的顾客讲了这么一个痛苦的故事，自己当时眼睛也含着泪花。而那位顾客更是同情地说："你真是一个老实的人，把你自己姐姐痛苦的事情讲给我听。"说着那位顾客起身给鲍罗尔煮了一杯咖啡，并谈起自己的经历，她说："我自己现在也是很困难，儿子正在读中学，女儿也已经上大学，还有四个老人需要我们夫妇赡养。实际上，刚开始我和丈夫都十分讨厌保险推销员，因为，我们总觉得是一种不祥的征兆，所以一直就没有买保险的准备。"

鲍罗尔说："您说的我都能理解，就像我姐夫的人寿保险还是我介绍的，当时，我刚干保险推销，寻找客户比较困难，所以我决计从身边的人干起，没想到姐姐她们还真同意了，我想当时她们是为了鼓励我的工作才做出买保险的决定的。"

鲍罗尔的坦诚让客户感到一种由衷的信任，客户说："鲍罗尔先生，那是因为您值得她们信任，她们才购买保险的。"于是那位女士开始向鲍罗尔咨询相关保险的一些事情。而鲍罗尔更是坦诚地和对方讲述了哪几种保险更适合她们。这一次鲍罗尔一下子成交了6项保险，这可是一笔不小的数目。

鲍罗尔是一个真正坦诚的人，他用自己的方式——坦荡、真诚赢得了小客户的好感和信赖，所以，推销也就比较顺利地成功了。

第三章 SALE
套近乎,拉近与顾客的距离

第三章　套近乎，拉近与顾客的距离

迎合顾客的兴趣找话题

没有人会对自己不喜欢的东西感兴趣。而如果自己喜爱的事情或物品，假如是有人在介绍或谈论就会注意听。这种心理也可以为销售人员在销售中吸引顾客时所利用。销售中，销售人员要主动去迎合顾客的兴趣，找顾客感兴趣的话题来聊，借此拉近与顾客之间的距离，从而实现进一步的交流，为最终的销售铺平道路。

一般来说，与自己有共同兴趣爱好的人更容易接触，也更容易聊在一起，愿意参加类似的活动，在共同的活动中既能彼此接近又能相悦，从而使人际间的吸引力增强。在看待问题上，态度会比较一致，情意相投，志趣相合，在一起交往能正确反映自己的能力、感情和信仰，并能够得到支持和鼓励，所以，比较能够友好相处。误会和冲突比较少，相处会比较融洽。即使本来并不太熟悉，也比较容易消除陌生感，从而形成较强的人际吸引力。

销售人员和顾客之间的交易也是一种社会交往，如果双方没有共同语言，那是很难进行交流的，更别说推销商品。如果销售人员能够主动去迎合顾客的兴趣，谈论一些顾客喜欢的事情或人物，把顾客吸引过来，当顾客对你产生好感的时候，你们的交流，甚至交易就都是水到渠成的事情了。

当然，销售人员每天都会与许许多多的顾客接触，而自己也不是全能的，不是什么都喜欢，什么都知晓，并不能够迎合所有的顾客。这就要求销售人员要博闻强识，了解的东西越多，知识越丰富，就越能够自如地应付更多的顾客。一个优秀的销售人员一定是一本"百科全书"，他们需要懂很多的东西，即使不精通，也要了解大概，一旦某天和顾客谈起，也不会因为自己的无知而冷场，导致交流无法进行。销售人员只有懂得越多，才越能找到和顾客的共同点，使彼此相互吸引。

　　孙萌萌是某装潢公司的销售人员，一次她去拜访一位顾客——某公司的申经理。见面之后，孙萌萌先对自己公司的产品做了大体的说明，使申经理有所了解，并看看是否有需要的产品。但孙萌萌所介绍的这些内容申经理听的太多了，实在无法引起兴趣。孙萌萌发现顾客已经产生了一些倦怠的情绪，如果自己再这样说下去，肯定会引起对方的反感，这样很可能就会使生意泡汤。于是她努力寻找着能够吸引申经理的话题。

　　这时她发现申经理背后的书橱里放着许多关于《易经》方面的书，并且办公桌的案头也有一本看了一半的《易经》。于是她眼前一亮，找到了突破口。她说："我想申经理一定很喜欢中国古代的文化经典，想必对《易经》也是十分有研究的吧？"

　　本来昏昏欲睡的申经理听到对方谈到《易经》，一下又有了精神，说："是啊，略有研究。闲暇时喜欢琢磨琢磨。"

　　孙萌萌顺势说："其实，我也很喜欢中国古典文化，特别喜欢《易经》，它思想深邃，包罗万象，把宇宙与生命巧妙地结合在一起，透露出很多人生的真谛，很值得研究！"

　　申经理马上有了兴致，和孙萌萌讨论开来。孙萌萌的一些见解与申经理不谋而合，这无疑使申经理很是高兴。两人谈到中午还不尽兴，申经理非要拉着孙萌萌一起吃饭，边吃边聊。简直就是像遇到了知音。

　　后来申经理不仅买了孙萌萌的产品，还和她成为好朋友。而这一切的因缘只是孙萌萌在拜访申经理之前不久，刚刚读过《易经》，那时刚好派上用场，迎合了顾客的兴趣。如果孙萌萌没有读过《易经》，也就难以找到和申经理的共同话题，生意就难以做成。

　　因此，销售人员要想迎合顾客的兴趣，就要不断地为自己充电，除了过硬的专业知识素养外，销售人员还应该学习更多的知识，无论是天文、

第三章　套近乎，拉近与顾客的距离

地理、时事、娱乐，还是古今中外的人物和事件，多了解、多积累，说不定哪天就会派上用场，帮助自己成功地迎合顾客兴趣，得到顾客的青睐，从而为销售创造出有利的条件。

正所谓话不投机半句多，没有哪种交易是推销人员与顾客一见面就成交的，都有一个相互了解和介绍过程，如果二者互相看着就别扭，下面的交易也就结束了。所以，销售人员不仅要不断提高自身的修养，练好基本功，还要善于在与顾客的交谈中发现顾客的兴趣所在，这样才能建立联系，使谈判继续下去，直至成交。

赞美越具体，顾客离你越近

在人与人的相处中，相互的赞美会拉近彼此间的距离，对于销售也是如此。在与顾客沟通时，销售人员适时地表现出对对方的赞美，不仅能够有效活跃销售气氛，还能够给顾客留下好的印象，进而增加销售机会。

但是，销售人员所面对的顾客往往是形形色色的，即使赞誉是出于好意，效果也未必都是好的。因此，销售人员一定要把握好赞美的原则——赞美要具体。赞美越具体，顾客越开心。当然，前提是赞美要有的放矢，不能乱赞美。在顾客看来，赞美具体，你是懂他的，这就在无形之中拉近了你们之间的距离。那么，要想赞美具体需要做到哪些呢？

1. 赞美要实在

在实际销售中，常常会有一些销售人员为了完成销售工作而使用客套的赞美之词，不分情况地对顾客进行赞美。譬如赞美皮肤状况差的女性皮肤好，赞美身材胖的男性挺拔等。其实，销售人员不切合实际的赞美或毫无诚意的赞美，不仅起不到活跃气氛的作用，反而会让顾客感到厌烦，因为这样的赞美如同取笑顾客。

2. 对别人没有发现的优点进行赞美

在赞美顾客时，销售人员通常会被一些模式化的赞美之词所控制，例如看到大眼睛的女孩，总是习惯赞美"你的眼睛真大"。其实，对于大眼睛女孩，一定在很多地方听过类似的赞美，如此反复，她就会慢慢习惯，不会再为别人说自己眼睛大而欣喜万分了。

其实，每个人都有一种希望别人注意自己不同凡响之处的心理。因此，在赞美顾客时，如果能适应这种心理，去观察、发现他异于别人的地方，并对其进行赞美,往往能收得意想不到的效果。例如,对于大眼睛的女孩,如果你能换一个角度说"你的眼神真美"或者说"一看你的眼睛就知道你是一个很有灵气的女孩",如此就能给对方带来不同于以往的优越感受,从而让她更愿意与你展开交谈。

3. 不要脱离顾客进行赞美

在赞美顾客时,注意不要脱离顾客本身。在实际销售中,有些销售员虽然能够发现顾客身上的赞美点,但是却疏忽了与顾客本身的结合。例如,当顾客穿着一条漂亮的红裙子时,路人也许会对顾客赞美道:"你的裙子真漂亮!"但是这种赞美无论如何也只是在称赞裙子漂亮而已,却没有使顾客本身真正得到赞美。所以销售员不妨说:"你的裙子真漂亮,非常适合你的气质。"这样一来,不仅赞美了裙子,也赞美了顾客的气质,从而进一步满足了顾客内心对美的需求,也就赢取了顾客更多的好感。

4. 切忌空泛

抽象的东西往往不具体,难以给人留下深刻的印象。例如,销售人员只是含糊其辞地赞美顾客,说一些"你的工作非常出色"或者"你是一位非常卓越的领导"等空泛的话语,根本不能引起顾客的好感,甚至会产生不必要的误解和信任危机,导致最终交易的失败。不如这样说,"你的决策具有很高的前瞻性""大家都很佩服你的气度"等。

总的来说,在销售过程中,赞美顾客是必不可少的环节,赞美做到具体也不是件很困难的事情。只要你留心观察,细心体悟,就能够找到顾客的赞美点。你赞美得越具体,就越真实,而真实恰恰是突破顾客心理防线的钥匙。

适当恭维，让顾客感觉有面子

每个人都希望在消费的过程中享受一些优惠和特权，一方面得到了实惠，另一方面显得自己身份与众不同。销售人员要抓住顾客的这种心理，在合适时机适当地恭维一下对方，对方自然就会感觉自己受到尊重和礼遇。

实际上，适当恭维别人是一种美德，只是不要说那些不是出于内心的话。当你认为怎样恭维最恰当时，那就多恭维他几句，只要恭维得恰当，自己发自内心羡慕对方，对方埋藏于内心的自尊心被你所承认，那他一定非常高兴。

无论是谁，对待赞美之词都不会不开心，让别人开心，我们并不因此受损，何乐而不为呢？如果照这一准则办事，你几乎不会再遇到麻烦，它会给你带来无数的朋友，会让你时时感到幸福快乐。正如我们已经看到的那样，人性中最强烈的欲望是成为举足轻重的人，人性中最根深蒂固的本性是想得到赞赏。人之所以区别于动物，也正是因为有这种欲望。

按照马斯洛需求理论来解释，是因为人都有获得尊重的需要，即对力量、权势和信任的需要；对名誉、威望的向往；对地位、权利、受人尊重的追求。而赞美和恭维则会使人的这一需要得到极大的满足。正如心理学家所指出的：每个人都有渴求别人赞扬的心理期望，人一旦被认定其价值时，总是喜不自胜。

王晓是一家公司的部门高管，出于业务需要，经常带着顾客去一家商务会馆消费，于是，会馆的经理向王晓推荐了VIP会员卡的项目。王晓

第三章 套近乎，拉近与顾客的距离

考虑了一下，觉得比较划算，就马上办理了一张会员卡。

有一次，王晓和几个顾客洽谈生意，但直到中午仍旧没什么进展，这让王晓的心情有点低落，但时间确实不早了，于是她便邀顾客在那家会馆吃饭。

不得不说这家会馆的服务水平还是相当不错的，顾客们都酒足饭饱，非常满意。吃完后王晓去前台结账，她出示了自己的会员卡，服务员接过去一看，是经理签字的会员卡，立刻满面笑容："王小姐，您这是我们经理亲笔签名的VIP卡，所以不仅酒水按七折算，海鲜也打八折。"这让王晓省了不少钱。

随后经理还亲自送来一盘水果布丁，并对王晓的那几位顾客说："王小姐是我们的老顾客了，经常在这儿消费。她这个人既讲信用，也很有义气，性格又好，能力出众，每次和她交谈我都受益匪浅，我真是太荣幸有这么优秀的客人了。这盘水果布丁是我免费送给大家品尝的，希望各位下次光临。"

那几位顾客看到这些，加深了对王晓的认可，回到公司之后，很快就同意了合作，连王晓自己都没想到会如此顺利。

王晓VIP会员的身份，不仅给她带来了实惠，而且显得特别有面子，更重要的是会馆经理不仅亲自送了水果布丁，而且当着王晓顾客的面对她不吝赞美之辞，这番恭维可谓是情真意切，让王晓的顾客对她刮目相看，并且间接地促成了他们的合作。

由此可见，适当的恭维在销售活动中是多么的重要。不管什么顾客，当听到这些恭维时，必然心花怒放、喜笑颜开。所以，每个销售人员都应该学习运用这种技巧，赢得顾客，让顾客乐意在你这儿消费或是购买你的产品。

另外千万注意，恭维顾客时一定要有诚恳的态度。只有态度诚恳，购买者才对你的恭维甘之如饴，你才能收到理想的效果，如果你的恭维毫无诚恳之意，让顾客感到虚伪，那么这样的恭维还是不要为好。

霍飞带女朋友去逛商场,走到一家首饰专柜的时候,女朋友的目光落在了一枚耳环上。

导购员热情地迎上前来:"两位,晚上好,欢迎来到贵夫人首饰专柜!"

霍飞的女朋友对导购说:"你能把这个耳环拿给我看看吗?"

"当然没问题。"导购员把耳环递给霍飞的女朋友,然后说:"您真有眼光!这款耳环是我们刚进的货,它的造型非常别致,适合各种脸型的人佩带,您先试带一下可以吗?"

当霍飞的女朋友试带之后,看着镜子里的自己,感觉非常满意,转头问霍飞:"好看吗?"

精致的耳环发出淡淡的金属光芒,确实很漂亮。但霍飞刚才看过了定价,888元,实在让他有点心疼,于是对女朋友说:"还行吧,嗯,要不我们再到下一家去看看,货比三家嘛。"

导购员一听就知道霍飞的购买欲望不是那么强烈,而且他的态度将直接决定这笔生意能否成交,于是对霍飞说:"这位先生真是好福气,女朋友这么漂亮!而且,您也看到了,这枚耳环衬托得她更有气质了。"

听到这话,霍飞也知道这次不买是不行了,于是决定狠狠杀价,否则坚决不买,双方一时僵持不下。

经过一番口舌,导购员说:"既然这样,我们可以在原有折扣上再给您一个小赠品,也算是表达我们的诚意,再说,送礼物给这么漂亮的女朋友,花再多的钱谁又会在意呢?而且你们真是般配,连我看着都特别羡慕呢。"

霍飞最终很高兴地买下了这副耳环,确实如导购员所说,买东西给自己的女朋友,花点钱又有什么好心疼的,毕竟女朋友打扮的漂亮了,自己也很有面子。

总之,正所谓顾客就是"上帝",作为"上帝",他们当然希望你能给他们特殊的关照。销售人员除了在经济上送给"上帝"一些切实的优惠之外,还要在适当的时候说些恰到好处的恭维话,让他们真正体验到作为消费者的尊严和风光,显得自己更有身份。

第三章　套近乎，拉近与顾客的距离

把认真倾听当作一种高级恭维

当顾客在表述自己的看法时，销售人员要认真聆听，这一点很重要，因为只有顾客愿意交流，推销活动才可能继续进行。凡是销售人员自己在那滔滔不绝的，推销80%都不会成功。也许有些销售人员会很奇怪：顾客是来买东西的，又不是来讲话的，他讲的话和产品有什么关系呢？其实，很多销售人员忘记了一件事情，顾客需要被关注，而关注他的方法就是学会倾听他说话。每个人都希望得到别人的关注，或者说，每个人都希望自己所讲的话别人愿意听、喜欢听。你的顾客尤其如此。丘吉尔曾经说过："倾听是银，沉默是金。"

沟通活动中，必要时保持沉默会很有价值，你的沉默不仅会让顾客认为你受到他所讲的话的吸引，而且也会为你自己赢得揣摩顾客心思的时间，这样对双方都有益的事情，为什么不多做一些呢？

有人说世界上最伟大的恭维，就是问对方在想什么，然后注意聆听他的回答。销售人员不仅要学会说，更要学会听。能言善辩是销售人员必备的基本技能之一，但是能说往往都只是在表达自己，以自我为中心，其实更多的时候，销售人员应该学会安静地聆听，听顾客说话，让顾客多表达自己的想法，这样才会以顾客为中心，让顾客感到受重视，满足表达自己的心理需求。

同时，销售人员还可以从顾客的表达中，获得有用的信息，帮助自己了解顾客的心理，从而实现有效的沟通。有时，说得太多太好就是错。自说自话的销售人员，容易以自我为中心，而忽略了顾客的心情和想法，不给顾客任何表达的机会。正因为销售人员的健谈，喧宾夺主，压住了

这样说顾客才会听，
这样做顾客才会买

顾客的光芒，必然引起顾客的反感和厌恶。因此，销售人员应该学会聆听顾客说话，认真地听，很有兴致地听，积极迎合地听，听懂顾客的话，弄明白顾客的心理，这样才会有的放矢，找到顾客的心理突破口。

销售人员不仅要学会聆听，还应该引导顾客说，鼓励顾客多说他自己的事情，这才是聆听的真正秘诀所在。谈论他最感兴趣的话题是通往其内心的最佳捷径。销售人员可以从聆听中获得对销售最有用的信息，了解到顾客的真实想法和内心需求。据一项权威的调查显示，在最优秀的销售人员中，有高达75%的人在心理测验中被定义成内向的人，他们行事低调、为人随和，能够以顾客为中心。他们十分愿意了解顾客的想法和感觉，喜欢坐下来听顾客的谈话，他们对听话的兴趣往往比自我表述更大，而这些正是他们赢得顾客的秘诀。

销售大师乔·吉拉德的推销经验十分丰富。一次，乔·吉拉德推销一种品牌的汽车，当地某知名企业家想购买他的产品。企业家学历不是很高，白手起家，但是却很有做生意的头脑。乔·吉拉德像往常一样接待了这位客人，给他做了最详细的产品介绍，并推荐了几款最好的车型。原本以为交易会很顺利，但是结果却令吉拉德失望不已。

当天晚上，吉拉德反复琢磨问题出在哪里，可是总是得不到合理的答案。于是，他拨通了那位顾客的电话："先生，您今天有满意的车型吗？"

"是的，有。"那位先生说。

"但是您为什么走了呢？"吉拉德问道。

"你开玩笑吗？现在已经很晚了。"对方有点不耐烦。

"哦，非常抱歉。但是您可以说一下原因吗？对于一个失败的销售人员来说，这是很有意义的。"

"真的吗？"

"绝对！"

"好，你在听吗？"

"非常专心！"

"但是中午的时候，你并没有专心。"那个人继续说道。原来他是

第三章　套近乎，拉近与顾客的距离

打算要买下来的，因为这个车整体来说是符合他的要求的，也没有什么别的问题，但是在最后一秒钟他迟疑了，因为他发现吉拉德对他所讲的话并没有多大的兴趣，他讲什么吉拉德根本没有用心听。这就是他扬长而去的原因。

吉拉德回忆了一下，事实确实如此，当时他的心思全在另一位销售人员所讲的很有趣的笑话上了。

显而易见，只有善于倾听才会赢得顾客的信任，用心地聆听顾客说话，对销售人员实现成功销售是有很多益处的。在聆听的时候，销售人员要面向顾客，身体前倾，把目光集中在顾客的脸、嘴和眼睛上，让顾客感觉你会记住他所说的每一句话、每一个字。

对顾客的讲话表示出极大的兴趣，不仅是对顾客的尊敬，还能够用你的专注感染顾客，从而对你诉说更多，使彼此的谈话由表面的寒暄升级到真心的交流。聆听时，销售人员对顾客的观点和想法不要急于下结论，要等到顾客说完之后再发表自己的意见。即使你对顾客的观点表示不赞成，也要尽力控制自己的情绪，不要激动，更不能发怒，而是要努力找出你的产品或服务能带给顾客的更多好处，以此来说服顾客。

销售人员在听完顾客说话以后，要善于核实自己的理解，你可以不时地用"嗯""哦"等回答向顾客表示你在认真听他说话，也可以适当发问或者对其谈话的内容进行重复，这样做会使你表现得足够诚恳，顾客内心就会得到满足，认为自己得到了关注，合作的机会就会变得很大。

很明显，推销过程中要多"听"顾客谈他们的理想，谈他们的需求以及他们高兴或者不高兴的事情，在听的基础上把这些信息迅速整合，发掘出顾客没有表达出来的想法。给予补充或者采取一些补救措施，这样推销的效果会变得更好。无论顾客是在称赞、抱怨、驳斥或是责难，销售人员都要仔细聆听，并适时表示关心与重视，这样才会赢得顾客的好感，并得到善意的回报。

利用空间距离拉近与顾客的关系

空间距离从一定程度上反映了彼此之间在心理上的距离，距离的远近与关系的亲疏密切相关。销售人员要善于通过顾客与自己保持的距离来透视顾客的心理，还要善于利用空间的转换拉近自己与顾客之间的距离，增进彼此的情感，让顾客接受自己，进而接受自己的商品。

郭广是一名电子设备的销售员，他想把自己的电子设备推销给某工厂，便去拜访该厂的厂长，但是去了几次，效果并不是很好。第一次去，厂长避而不见。第二次去虽然让他进了办公室谈话，但是也没有让他坐，只是站着聊了几句，就说有事离开了。

但是郭广并不甘心，这一天他又来拜访这位厂长，恰好碰上厂长和自己的秘书正在费劲地搬一台打印机到自己的办公室里。于是郭广主动上前帮忙。郭广的热情和善意让厂长有所触动，于是便在忙完之后和他坐在下来聊起天来，最后愉快地同意试用他的电子设备。

心理学研究表明，空间距离与心理距离是密切相关的。每种关系都有着不同的距离范围，陌生人之间不会离得太近，亲人之间不会离得太远。

不可否认，销售人员与顾客初次见面彼此之间难免会有隔膜，顾客对销售人员避而远之也是情理之中的事情。销售人员不能因此而灰心失望，而是应该想方设法缩短彼此之间的距离，使顾客的心渐渐地向自己靠拢，接受自己并接受自己的商品。

美国人类学家爱德华·霍尔通过多年的观察和研究，发现了人们之间的四种距离。

1. 密切距离（0.15～0.45米）

这是亲人之间的距离，如父母、恋人、夫妻之间，为了给对方以爱抚、安慰和保护而保持的较近的距离，使彼此伸手可触。关系比较密切的同伴也可以离得这样近。

2. 个体距离（0.45～1.2米）

这是朋友之间的距离。能够拥抱或抓住对方的距离。对于对方的表情一目了然，适合促膝谈心。

3. 社会距离（1.2～3.6米）

这样的距离超越了身体能接触的界限，是正式的社交场合人与人之间的距离，给人一种庄重感和严肃感。这种距离也适合在一起工作的同事之间，使彼此在工作时既不受他人影响，也不给别人增添麻烦。

4. 公众距离

分接近型（3.6～7.5米）和远离型（7.5米以上）两种。适合于演讲等公共场合，说明说话人与听话人之间有许多问题或思想有待解决与交流。通过彼此之间的空间距离，一般能够比较准确地判断出自己与对方的关系和密切程度。

销售人员可以通过与顾客会面时顾客与自己保持的空间距离，来测量顾客与自己之间的心理距离，从而洞察顾客的情感变化，并善于运用空间距离的转换，使顾客的心向自己不断靠近。如果顾客始终把你挡在门外，或者即使把你请进门，也是隔着很远的距离，让你站着简单地说几句，这说明顾客对你的抗拒和防范心理是十分严重的，生意很难成功。

如果顾客把你请进了家或者办公室，和你面对面隔着茶几或者办公桌，彼此坐着进行交谈，那么则表明顾客对你以及你的商品都是可以接受的，交易成功的可能性也就比较大。

如果顾客越过了彼此之间的隔离，愿意坐在你的身边，听你详细地讲解，那么只要你稍微争取一下，顾客就会购买你的商品。

因此，销售人员可以通过转换谈判场所来缩短彼此之间的距离，比如把会见的地点换成茶馆、酒吧、咖啡厅等比较休闲的场所，营造一种轻松和谐的氛围，减少心理上的陌生感，使双方的心理距离自然拉近。

同时，销售人员还要善于借助各种社交活动，如棋牌、保龄球等娱乐方式，来了解顾客，和顾客尽快熟悉起来，并增进彼此的亲密感。

总之，销售人员不仅要努力地赢得顾客的信赖，缩短自己与顾客之间的距离，还要善于控制这种距离，保持必要的礼貌和尊重。如果销售人员和顾客的距离靠得太近，则会显得不庄重，反而会引起顾客的反感。销售人员一定要与顾客保持合适的距离，要既显得礼貌庄重，又不失礼节，才会使彼此的关系顺利发展。

第三章　套近乎，拉近与顾客的距离

用谦卑的话，维护顾客的优越感

销售人员在和顾客沟通时，千万注意不要口若悬河、喋喋不休，更不可锋芒毕露、咄咄逼人，否则不但不能得到顾客的认可，反而很容易弄巧成拙，给对方留下不好的印象。那样的话，后续的销售工作将寸步难行。

没有人喜欢处处表现得比自己优越的人，顾客更是如此，他们作为一个购买商品的人，始终掌握着销售活动的主动权，天生就有一种优越感。销售人员适当地向对方示弱，让对方表现得比自己优越，可以消除对方的敌意，并赢得对方的认可、赞赏，甚至友谊。

事实证明，顾客有各种各样的心理需求：受欢迎的需求、及时服务的需求、被理解的需求、被帮助的需求、受重视的需求、被称赞的需求等等。总之，销售人员要及时满足顾客的各种心理需求，给顾客以优越感，这也是促进销售的关键因素之一。

顾客的优越感被满足，初次见面的警戒心也就自然消失了，彼此距离拉近，能让双方的好感向前迈进一大步。

美国著名的商人迈克新开了一家零售店，有一天，一个中年男子到店里买搅蛋器。

店员问："先生，你是想要好一点的，还是要次一点的？"

那位男子听了显然有些不高兴："当然是要好的，不好的东西谁要？"

店员就把最好的一种"多佛"牌搅蛋器拿了出来给他看。男子看了问："这是最好的吗？"

这样说顾客才会听，这样做顾客才会买

"是的，而且是牌子最老的。""多少钱？""120美元。"

"什么！为什么这样贵？我听说，最好的才六十几美元。"

"六十几美元的我们也有，但那不是最好的。"

"可是，也不至于差这么多钱呀！"

"差得并不多，还有十几美元一个的呢。"男子听了店员的话，马上面露不悦之色，想掉头离去。

迈克急忙赶了过去，对男子说："先生，你想买搅蛋器是不是？我来介绍一种好产品给你。"

男子仿佛又有了兴趣，问："什么样的？"

迈克拿出另外一种牌子来，说："就是这一种，请你看一看，式样还不错吧？"

"多少钱？""54美元。"

"照你店员刚才的说法，这不是最好的，我不要。"

"我的这位店员刚才没有说清楚，搅蛋器有好几种牌子，每种牌子都有最好的货，我刚拿出的这一种，是同品牌中最好的。"

"可是为什么比多佛牌的差那么多钱？"

"这是制造成本的关系。每种品牌的机器构造不一样，所用的材料也不同，所以在价格上会有出入。至于多佛牌的价钱高，有两个原因：一是它的牌子信誉好；二是它的容量大，适合做糕饼生意用。"迈克耐心地说。

男子脸色缓和了很多："噢，原来是这样的。"

迈克又说："其实，有很多人喜欢用这种新牌子的，就拿我来说吧，我就是用的这种牌子，性能并不怎么差。而且它有个最大的优点，体积小，用起来方便，一般家庭最适合。府上有多少人？"

男子回答："5个。"

"那再适合不过了，我看你就拿这个回去用吧，担保不会让你失望。"

在这个案例中，顾客一进门就声称要最好的搅蛋器，表示他优越感很强，可是一听价钱太贵，又不肯承认自己舍不得买，自然会把不是推

第三章　套近乎，拉近与顾客的距离

到销售人员头上，这是一般顾客的通病。迈克的销售成功之道就在于他摸清了顾客的心理，变换一种方式，在不损伤顾客优越感的情形下，使顾客买一种比较便宜的产品，维护了顾客的优越感。

从心理学的角度来讲，渴望被人重视，这是一种很普遍的、人人都有的心理需求，作为顾客也不例外。这种心理需求正好给销售人员推销自己的商品带来了一个很好的突破口。渴望获得重视的心理包含两个方面：一方面是希望得到别人的认可和赞美，使自己获得优越感；另一方面是不愿意被人轻视，从而使自己显得与众不同，以吸引别人注意。托马斯·福特说：谦恭有礼，人人欢迎。销售人员在销售过程中，通过谦恭有礼的言辞，热情主动的态度，迎合了顾客的心理需求，巧妙地促使顾客购买自己的产品。

张岩和孙君两个人一同出去推销公司的一种产品，他们一先一后到姚经理那里去推销。张岩先去的，他进门之后就开始滔滔不绝地向姚经理介绍自己的产品多么多么的好、如何如何地适合他，他不购买就等于吃亏等。这样的话不仅没有引起姚经理的兴趣，反而让他很反感，于是他很不客气地让人把张岩轰走了。

等到孙君又来的时候，姚经理知道他们推销的是同一种产品，本来不愿意见他，但是他又想听听孙君是怎样的一种说辞，于是就请孙君来到他的办公室。孙君进来后没有直接介绍自己的产品，而是很有礼貌地先说抱歉、打扰，然后又感谢姚经理百忙之中会见自己，还说了一些赞美和恭维的话，而对自己产品却只是简单地介绍了一下。可是姚经理始终都是一副很冷淡的样子，孙君觉得这笔生意已经很难做成，虽然心里多少有些失落，但他还是很诚恳地对姚经理说："谢谢姚经理，虽然我知道我们的产品是绝对适合您的，可惜我能力太差，无法说服您。我认输了，我想我应该告辞了。不过，在告辞之前，想请姚经理指出我的不足，以便让我有一个改进的机会。谢谢您了！"

这时，姚经理的态度突然变得很友好，很和善。他站起来拍拍孙君的肩膀笑着说："你不要急着走，哈哈，我已经决定要买你的产品了。"

这样说顾客才会听，这样做顾客才会买

　　为什么张岩前来推销被轰出去，而孙君却能够成交，这就是一个满足顾客心理需求的问题。张岩只是滔滔不绝地介绍自己的产品，而忽略了对顾客起码的尊重和感谢，而孙君却始终对姚经理很恭敬很有礼貌，特别是自己最后临走时，还请求顾客指教，这让姚经理感受到了足够的重视，从而从情感上对孙君也表示了认同，自然也就促成了这笔交易。

　　因此，作为一名合格的销售人员，你要明白一点，那就是无论从价值链还是市场和企业生存的角度去看，顾客都是上帝。你要想顾客把一掷千金的劲头都用在你的身上，你就要首先想办法博得顾客的一笑，把你的顾客当成"上帝"一样伺候。销售人员切记自己一定要态度诚恳，言辞谦恭有礼，这样的话，才能真正让顾客体验到作为"上帝"的优越感，从而对你产生好感，顺利开启交易之门。

第四章 SALE
赢好感,把顾客当成朋友处

第四章 赢好感,把顾客当成朋友处

销售,98%是情感工作,2%是产品问题

在生意场上近年流行一句口头禅:先做朋友,后做生意。在心理学上,这被称之为"友谊因素",即顾客不会从你这里购买产品,除非他深信你是他的真朋友,你在真诚地为他着想。因此,与尽可能多的顾客建立良好的情感关系,是销售人员成功实现销售的必要选择。

顾客愿意从自己喜欢的人那里购买东西,这一点是其他因素达不到的。

推销大王坎多尔福曾说过:"推销工作98%是情感工作,2%是对产品的了解。"让顾客喜欢上自己,与顾客建立良好的情感联系,是作为一名优秀的销售员的必由之路。

有一位推销员经常去拜访一位老太太,打算以养老为由说服老太太购买股票或者债券。为此,他有空就找老太太聊天,陪老太太散步。过了一段时间后老太太就离不开他了,还常常请他喝茶,或者和他谈些投资方面的事。

不幸的是,不久老太太就死了,这位推销员虽然没能在她身上做成生意,不过也是一场交情,所以他仍然坚持前往参加老太太的丧礼。当他抵达会场时发现:做为竞争对手的另一家证券公司竟然送来两只花圈,他感到很奇怪:"这究竟是怎么回事呢?"

一个月后,那位老太太的女儿到这位先生服务的公司拜访他。原来她就是另一家证券公司某分支机构的一位经理的夫人。她告诉这位先生:"我在整理母亲的遗物时,发现了好几张您的名片,上面写着一些十分

关怀的话，我母亲都一直很小心地保存着。而且，我母亲去世前也谈起过你，说与你聊天是她最后生命时光里的一大快事，因此今天我特地前来向你致谢，感谢你曾在她在世时陪伴她度过这么快乐的一段时光。"

夫人深深地鞠了一个躬，眼角还噙着泪水，又说："为了答谢你的恩情，我瞒着丈夫向你购买了贵公司的债券……"然后拿出30万元现金，请求当场签约。

对于这种突如其来的好事，这位先生非常惊讶，一时之间，无言以对。

是什么原因促成了这项大单，是关系。

所以，在与顾客打交道的过程中，你应该做的很重要的事情就是拉一条情感联系的纽带，与顾客交上朋友。作为一位职业销售人员，你的工作是向顾客表明你很关心他们，并愿意为他们的最大利益着想，进而把他们争取到你这一边来。

林风所住的社区内有几家小超市，他在每家都买过商品，一天他去一家不是离他家最近的超市买毛巾，超市老板娘顺口问了句："怎么不是你爱人来买呀？"

林风也顺口回答说："她生病了，已经几天没上班了。"

当天晚上，有人按门铃，一开门，竟是那家超市的老板带着一篮水果来探病了。

这让林风很不好意思，于是这家超市成了他们夫妻俩以后买货的基地。

其实，销售人员在与顾客打交道的过程中，与他们建立情感关系，让他们成为自己朋友的方式有很多种。比如关心顾客的职业发展、生活，甚至是其家人，还可以帮助顾客解决问题，赠送小礼品等。

不管用什么方式，真诚地对待顾客是根本。我们用真心换得了顾客的真心，他们成为我们的朋友，日积月累，朋友遍布天下，我们的销售也就越来越顺利了。

第四章　赢好感，把顾客当成朋友处

没有关心就没有关系：销售从关心顾客开始

奥格·曼狄诺在《世界上最伟大的销售员》一书中说过这么一段话："我要爱所有的人。仇恨将从我的血管中流走。我没有时间去恨，只有时间去爱。现在，我迈出了成为一个优秀的人的第一步。有了爱，我将成为伟大的销售员，即使才疏学浅，也能以爱心获得成功；相反的，如果没有爱，即使博学多识，也终将失败。"

在这里，奥格·曼狄诺要告诉我们的是，销售成功并不完全取决于技巧，有时，只要你拥有一颗爱人之心就可以了。毫无疑问，任何商业活动都是以追逐利益为目的，但是人毕竟是讲感情的，而不是冷冰冰的机器，所以在销售过程中，每个销售人员都必须意识到这一点，从内心深处去尊重每一位顾客，而不是面对顾客时只是盘算着如何从他们的口袋里"掏"出钱来。

一名好的销售人员在天性上就倾向关心他人，也一直在试图让别人快乐。如果销售员能让顾客或潜在顾客感觉到，你是真心敬重他们、喜欢他们、关爱他们，那么你的销售将会无往而不胜。

乔·吉拉德是世界上最伟大的销售员，他在15年里卖出13000辆汽车，最多1年竟卖了1425辆。他成功的重要因素之一，应该归功于他用关怀温暖了每一个顾客。

有一次，乔·吉拉德正在为一群顾客介绍漂亮的雪佛兰汽车，这时一位中年妇女走进他的展销室，站在人群后面静静地听讲。乔·吉拉德并没有忽略这位中年妇女，讲解告一段落后，他立刻走过来和这位女士

这样说顾客才会听，这样做顾客才会买

打招呼："欢迎光临，夫人！希望刚才没有怠慢您。"

中年妇女说她只是想在这儿看看车打发一会儿时间，所以不必为她浪费时间。乔·吉拉德并没有因此而转身离开，而是耐心地陪她看车。闲谈中，她告诉乔·吉拉德她想买一辆白色的福特车，但对面福特车行的销售人员让她过一小时后再去，所以她就先来这儿看看。她还说这是她送给自己的生日礼物："今天是我55岁生日。"

"生日快乐！夫人。"乔·吉拉德说道，他请这位夫人继续随便看看，自己抽空出去交代了一下，然后回来对她说："夫人，您喜欢白色车，既然您现在有时间，我给您介绍一下我们的双门轿车——也是白色的。"

他们正谈着，女秘书走了进来，将一束白色的玫瑰花递给乔·吉拉德。乔·吉拉德把花送给那位妇女："祝您长寿，尊敬的夫人。"

很显然那位夫人没想到自己会受到如此礼遇，感动的眼眶都湿了。"已经很久没有人给我送礼物了。"她说，"刚才那位福特销售人员一定看我开了部旧车，以为我买不起新车，我刚要看车他却说要去收一笔款，于是我就上这儿来等他。其实我只是想要一辆白色车而已，现在想想，不买福特也可以。"

最后她在乔·吉拉德这儿买走了一辆雪佛兰，并开了张全额支票，其实从头到尾乔·吉拉德的言语中都没有劝她放弃福特而买雪佛兰的词句，只是因为她在这里感受到了重视和关心，于是放弃了原来的打算，转而选择了乔·吉拉德的产品。

销售是从说话开始的，也是从关心他人开始的，你只有多说关心顾客的话，才能让顾客对你产生亲近感。而这种关心不需要你花多少钱去给顾客买礼物，也不需要你采用什么特别的手段，只需要你练就良好的销售口才就能造就，你何乐而不为呢？被人关心是每个人的基本情感需求，没有人不愿意被人关心。因此，关心顾客不仅更容易让顾客对你产生亲近感，也更容易获得订单。

在销售过程中，销售人员需要站在顾客的立场上，想顾客所想，急顾客所急，真诚地关心顾客。但对顾客的关心大多都是需要用话语来体

第四章　赢好感，把顾客当成朋友处

现的，只有话说到位，才能获得顾客的支持，更快地达到成交的目的。

布莱恩·崔西说：要想与顾客建立信任关系，成为一个受欢迎的人，就需要在说话的过程中表现出对顾客的真诚的关心，甚至对顾客家人的关心。你只有将对顾客的关心说到顾客心坎里，他们才会亲近你。

销售人员怎样才能利用关心顾客的话语来赢得订单呢？让我们来看看下面这个案例：

戴伟是一家保险公司的业务员，有一次，他迎来了两位60岁左右的顾客。

他们是一对夫妻，想买一种适合自己的保险，于是他们一边仔细地看宣传单上的优惠条件，一边互相研究和商量。戴伟看到这种情况，热情地迎上去，并且向他们认真地介绍了各种保险的条件、原则、优惠政策等。

但是，尽管戴伟将各种保险的优惠条件讲得非常诱人，两位老人还是拿不定主意购买哪种保险。他们只说想过几天再来看看，便离开了。当时外面正好下着雨，戴伟迅速拿了把雨伞递到两位老人面前。

两位老人刚开始不愿意接受，他们推辞道："我们还没有决定是否在你们这儿购买保险，恐怕到时候不好归还。"可是戴伟却说："借给您雨伞属于我的个人行为，与你们是否购买保险没有关系。再说您这么大岁数了，淋了雨很可能会感冒的，我们有义务帮助像你们这样需要帮助的人。"

最终，两位老人接受了戴伟的帮助，同时也决定从他这里购买保险，因为他们从戴伟真诚的话语里感受到了关心和爱。

可见，销售人员付出真诚，让顾客感受到你的关心，就能赢得顾客。所以，任何一位不愿意失去成交机会的销售人员都要拥有一颗爱人之心，努力营造彼此友善相处的良好沟通氛围，这样才会在销售中战无不胜。

爱是这个世界所有人都无法拒绝的。销售人员在事业的拓展中，对待顾客要有爱心，也许顾客会拒绝你的产品，但不会拒绝你的爱心和关心。

人们常说："爱心有多大，事业就可以做多大。"所以说，销售人员必须是充满爱心的人，你要爱你的产品、爱你的顾客，这样你才能得到顾客的回报。对顾客和周围事情冷漠、无动于衷的人，是做不好销售这行的。

人人都需要关心，真的是没有关心就没有关系，如果你还没有开始关心顾客，那么就从现在开始吧，它会让你和顾客之间的关系更加和谐、更加紧密。

第四章　赢好感，把顾客当成朋友处

把满足顾客心理作为交际切入点

在与他人打交道的过程中，找准切入点是至关重要的。切入点找得好，找得准，交流起来就顺畅；切入点找得不好，找得不准，沟通起来就不会圆满。对销售人员来说，如果不能在与顾客接洽之初找到合适的切入点，那么后面的推销工作往往会遭遇到很大麻烦。

台湾巨富陈永泰说过："聪明人都是透过别人的力量，去达到自己的目标。"销售人员和顾客交易关系的建立都是在交往过程中实现的。一个成功的销售人员需要在实践中不断磨练自己，尽量在推销最开始就很好地找到和顾客接触的适当的切入点，将自己成功推销出去。

一般来说，每个人都希望被认可，得到满足感。销售人员可抓住人的这种心理，把满足顾客的心理需要作为与顾客交际的切入点。把自己展现在顾客眼前。比如，发现对方的兴趣爱好及特长，表达应有的重视，并建立共同的话题，就容易从陌生到熟悉，建立起信任关系。

傅强是艺术品公司的业务员，对书法颇有研究，早就想与一位喜欢书法的顾客交流一下经验，切磋毛笔书法艺术，一直没有良机。最近，他所在的公司正向这位顾客所在的公司推销一批瓷器，于是有机会和这位顾客深入接触一下，没想到这成了他打开推销局面的关键。

经巧妙安排，傅强和这位顾客在一个市办书画展上意外邂逅。心中有数的傅强默默跟在这个顾客身后，等对方来到一参展作品面前时，他自言自语地说道："这幅作品好，不管是布局，还是字的结构、笔法都显得活而不乱，留白也很恰当。"

这样说顾客才会听，
**　　这样做顾客才会买**

这位顾客听到一个年轻人对书法评价得那么专业，再一看还是认识的人，于是自然接过了话题："就是书写的变化凝滞了一些，放得不够开啊。"

就这样，两个人你一言我一语，自然而然地进入到对作品的品评中。人才惜人才，两人谈得十分投机。最后，傅强成功打开了和这位顾客的交际局面，在后期的产品推销中变得驾轻就熟，均顺利实现了预期目标。

人人都希望得到赏识，这种心理如果能得到满足，就必定能引起其感激之情和报偿的诉求。销售人员如果能够与顾客建立起这种心理默契，自然会在推销工作中势如破竹，建立起广泛的合作关系。

不容忽视的一点是，销售人员在交际中要注意给顾客留下良好的第一印象。从某种意义上说，它直接影响着顾客是否愿意接受你的推荐。如果你不能得到顾客的喜爱，不能将自己成功推销给顾客，那么就很难要求顾客喜欢你推销的产品。为此，你要努力将自己推销给顾客，让顾客对自己有好的印象，不要让顾客厌烦自己。

有的销售人员之所以没能成功地把产品推销出去，一个重要原因是过分强调产品，而忽视了顾客的深层次需求。要知道，人与人的和谐交往也一种深层次的需求。如果没有满足这种深层次的需求，就很难打开销售局面。

有些顾客走进店里，不愿意把自己的需求立刻告诉陌生的销售人员。但是有些销售人员出于工作需要，往往这样说："您好，你想看看什么产品？"这时候，顾客大多并不想被打扰，很可能会说："我只是随便看看。"

遇到这种情况，有的销售人员还是锲而不舍，把顾客目光所及的每件产品都介绍一二，结果引起了顾客的反感。实际上，不妨给顾客一定的私人空间："没关系，您可以慢慢看，需要什么帮忙的，随时叫我。"照顾到顾客的心理感受，在其有需要的时候再主动提供帮助，那么双方进一步交流就容易多了。

还有的销售人员在与顾客交谈时忘记了自己的职责所在，把重点转

第四章　赢好感，把顾客当成朋友处

向与产品无关的话题，结果让对方产生厌烦心理。这也是一种失败的交际过程。须知，销售人员在和顾客交谈的时候，话题始终不能离开产品，并随时想着顾客心里在想什么，及时为顾客提供准确的答案，包括产品的品质、性能、款式、价格以及售后信息等各种情况，从而让对方心理受用。

总之，找准双方谈话的切入点不仅是销售的良好开端，还是销售人员打开推销局面的关键。把握顾客的心理需求，满足顾客的需要，找准顾客的疑虑，顺藤摸瓜，就能找到交际的最佳切入点，和顾客建立了良好的人际关系，最终实现业绩上的突破。

唤起顾客感激之情，让交易水到渠成

多数顾客希望用最少的钱买到自己用得上的令自己满意的东西，否则他们是不愿意掏钱的。

对于这种情况，在不超越销售底线的情况下，销售人员可以酌情处理顾客的具体要求，比如价格上的问题，或者是售后服务方面的问题。但这也是在时机成熟的情况下，即销售人员知道顾客所提出的购买条件不同于销售开始的异议，是另有所指的。

如果顾客提出的条件超越了销售底线，那么不妨重申产品价值，让顾客知道购买此产品绝对是物有所值，或者是从其他方面弥补顾客所提出的不能答应的购买条件，让顾客获得想要的满足。

辛月是一家文具店的销售员，每次遇到家长带孩子来买文具的时候，辛月都能把大人和小孩招待得心满意足。文具店最经常遇到的情况是大人和孩子的意见不合，孩子看上的东西，大人觉得不划算，小孩子就要哭闹。在这个时候，辛月总是能够妥善处理。

"妈妈，我要买这个。"妈妈带的小姑娘举着一块米奇老鼠的橡皮。

"你不是已经有橡皮了吗？"

"可是，米妮一个人太寂寞了，我要买一块米奇给她做伴。"小姑娘的理由让妈妈哭笑不得。

"好吧，好吧。"妈妈答应了小姑娘的请求。

小姑娘高兴坏了，在店里穿来穿去。

"你好，请给我10个算术本。"小姑娘的妈妈对辛月说。

第四章　赢好感，把顾客当成朋友处

辛月拿出本子，这时小姑娘又兴奋地冲到妈妈的身边："妈妈，妈妈，快来看。"

"又怎么了？我们不能再买东西了，你什么都有。"

"快看！"可是小姑娘还是把妈妈拉到一个玩具型小火车铅笔刀面前。

"妈妈，我想要这个。"

"不要，放在书包里太重了。"

"那我放在家里好吗？"小姑娘又哭又闹就是要玩具型的小火车铅笔刀。

"哪，这样，你要米奇老鼠橡皮呢，就不能要这个，要这个就不能要米奇老鼠橡皮。"

"不行，我就是两个都要嘛。"小姑娘耍起脾气来，妈妈的脸色很难看。

"那就两个都不买了！"妈妈生气地说。

这时，小姑娘干脆躺在地上不起来。

"好了好了，小姑娘，不哭了好嘛？阿姨把这个橡皮擦送给你，乖乖听妈妈的话好吗？"小姑娘被辛月抱起来，擦干眼泪。

"这，怎么好意思呢？"

"没事，小姑娘喜欢嘛，不过小女生可不兴在外面满地打滚，羞羞。"辛月刮刮小姑娘的鼻子，小姑娘说笑就笑了。

"就是，辛月阿姨给你橡皮，妈妈给你买小火车铅笔刀，下次不许这样了，知道吗？"小姑娘的妈妈也弯下腰来抱小姑娘。

"妈妈最好了。"小姑娘扑进妈妈的怀抱，"我下次再也不这样了。"

顾客的购买心理是比较复杂的，有时是买也行，不买也行，但往往会由于某种情结选择买。这个案例中，母亲的预算有限，销售员遇到这种情况，在不影响产品利润的前提下，赠送了对方一块橡皮，但这一举动让顾客觉得自己不买点东西对不住对方，于是就在可买可不买的犹豫中掏钱了。

任何一样产品被生产出来，自有它的用处和需求。只有想不到，没有用不到。顾客很容易为一样产品的优点所吸引，尽管也会有一些原因让顾客无法做出购买决定，但是顾客的消费欲望始终是存在的，作为销售人员，要多方位采取措施，唤起顾客某种情结，比如可以利用小优惠来唤起顾客的感激情结，帮助顾客释放消费欲，然后水到渠成促成购买行为。

第五章 SALE
讲故事，唤起顾客的认同感

第五章　讲故事，唤起顾客的认同感

有故事的产品，顾客会更认同

语言是一个销售人员必备的武器，好的口才能让顾客在交谈过程中产生一种莫名其妙的快感。在现实生活中，很多人都喜欢听别人讲故事，甚至还会沉迷在故事情节中不可自拔，这就是故事的魅力。有张有弛、妙趣横生的故事式语言，就像情感美女一样，充满诱惑和吸引力，让人忍不住浮想联翩。

销售人员如果能用讲故事的方式做销售，不失为一个吸引顾客、说服顾客的好方法。因为故事能令人振奋，令人陶醉，令人流连忘返，不会像滔滔不绝的说教那样枯燥、乏味和令人心烦。

芝宝（英文名称 Zippo，是由美国 Zippo 公司制造的金属打火机）的故事营销可谓是销售中的经典之作。在众多顾客眼中，芝宝不仅仅是有着动人故事的打火机，更是一个值得信赖并伴随一生的朋友。

1960 年，一个渔夫在奥尼达湖中捕到一条重达 18 磅的大鱼。清理内脏时，渔夫在鱼的胃里发现了一支闪闪发光的芝宝打火机。这支打火机不仅看上去崭新明亮，而且一打就着，完好无损。单凭这一点，人们就相信芝宝打火机的卓越品质了：既然芝宝打火机长期放在鱼腹里都可以完好无损，那么人们大可不必小心翼翼地把它收藏在工具箱里，而可以把它放在任何伸手可得的地方。

1971 月 12 日，在南越战场上的一次攻击中，美国士官安东尼在敌军炮火的攻击下，左胸口受到枪击，子弹正中了置于左胸口袋的芝宝打火机，机身一处被撞凹了，但却保住了安东尼的命。战后，尽管芝宝公

这样说顾客才会听，这样做顾客才会买

司期望他能将那支打火机送修，但安东尼却视"它"为自己的救命恩人，不仅慎重收藏，更希望永久保存它那受伤的机体。

1974年10月1日，丹尼尔驾机飞离旧金山机场不久后，发现飞机的引擎油门不顺，不得已采取紧急迫降的行动。事后，报上出现了一则这样的消息：空军飞行员丹尼尔在旧金山海域内，利用芝宝打火机的火焰发出求救讯号，并以火焰引导海岸警备队的直升机迅速发现其迫降位置而安全获救。

这些故事赋予了芝宝传奇的色彩，并以始终如一的风格和品质缔造了这些神话及口碑，使得全球用户一生痴迷。芝宝将融合品质的故事营销手法发挥得淋漓尽致，给用户的只有无边的赞叹而没有丝毫造作，这也是品牌营销的一大奇迹。

故事营销是抢占顾客心灵最有效、最直接、最持久的方法之一，最适合做低成本的口碑传播。销售人员通过讲故事，不仅可以缩短产品与顾客之间的距离，还可以促使顾客对产品有进一步的了解，甚至在不知不觉中"爱上"你的产品。

大家都喜欢听故事，所以如果用讲故事的方法来介绍自己的产品，肯定能够收到很好的效果。

有一次，一位顾客来到海尔冰箱的柜台前，对海尔的销售人员说："你们的质量有保障吗？"

这位销售人员并没有直接向顾客称赞自己的产品质量是如何如何的好，而是给顾客讲起了海尔总裁张瑞敏刚上任时砸冰箱的故事：

1985年，张瑞敏刚到海尔（时称青岛电冰箱总厂）任职。有一天，他的一位朋友要买一台冰箱，结果挑了很多台都有毛病，最后勉强拉走一台。朋友走后，张瑞敏派人把库房里的所有冰箱全部检查了一遍，发现共有76台存在各种各样的缺陷。张瑞敏把职工们叫到车间，问大家怎

第五章　讲故事，唤起顾客的认同感

么办？多数人提出，也不影响使用，便宜点儿处理给职工算了。当时一台冰箱的价格 800 多元，相当于一名职工两年的收入。

张瑞敏说："我要是允许把这 76 台冰箱卖了，就等于允许你们明天再生产 760 台这样的冰箱。"他宣布，这些冰箱要全部砸掉，谁干的谁来砸，并抡起大锤亲手砸了第一锤！很多职工砸冰箱时流下了眼泪。然后，张瑞敏告诉大家——有缺陷的产品就是废品。三年以后，海尔人捧回了中国冰箱行业的第一块国家质量金奖。

一个故事讲得对方立刻对于海尔冰箱的质量肃然起敬。

任何商品都有自己有趣的话题：它的发明、生产过程，产品带给顾客的好处，等等。销售人员可以挑选生动、有趣的部分，把它们串成一个令人喝彩的动人故事，作为销售的有效手段。所以，销售大师保罗·梅耶说："用讲故事的方法，你就能迎合顾客、吸引顾客的注意，使顾客产生信心和兴趣，进而毫无困难地达到销售的目的。"

讲好销售故事要注意以下几个方面：

1. 注意原材料的筛选，所讲的故事必须和产品紧密关联。

2. 故事必须有明确的时间和地点，细节要真实，这样才能吸引听众。

3. 故事要具有新颖性，有些销售人员开口闭口就讲王老吉成功的故事，讲蒙牛牛根生的创业史等，其实这些对于顾客来说早已耳熟能详，根本就没有新鲜感和针对性。

4. 把握好时间，故事必须内容简洁、意义明确、节奏紧凑。要记住，讲故事的目的是推销产品，而不是向顾客炫耀你的语言能力，时间把握不好，效果将适得其反。

优秀的导购人员经常用故事打动顾客，可以把过去推销成功的事例当作"故事"说给顾客听。让顾客了解他的疑虑也曾是别人的疑虑，这个"别人"在买了产品、经过一般时间的使用之后，不再有所疑虑，而且还受益良多。

"故事"能增加顾客对产品的信心和认同感,进而采取"购买"行动,但是"故事"不能"凭空捏造",要有事实根据——如顾客的感谢函或者传播媒体的赞誉等。

第五章 讲故事，唤起顾客的认同感

讲自己"悲惨"遭遇，唤起顾客情感共鸣

在销售的过程中存在着这么一个问题，即顾客对销售人员大多存有一种不信任的心理。他们认为从销售人员那里所获得的有关商品的各种信息，往往不同程度地包含着一些虚假的成分，甚至还会存在一些欺诈的行为。于是，就有很多顾客在与销售人员交谈的过程当中，认为销售人员的话可听可不听，往往不太在意，甚至抱着逆反的心理与销售人员进行争辩。所以，在销售的过程中怎样迅速有效地消除顾客的顾虑，对销售人员来说是十分必要的，否则就不可能达成交易。

顾客之所以会产生顾虑，很可能是因为在他们以往的生活经历中，曾经遭遇过欺骗，或者买来的商品不能满足他们的期望。也可能是从新闻媒体上看到过一些有关顾客利益受到损害的案例。所以，他们往往对销售人员心存芥蒂，尤其是一些上门推销的销售人员，在他们的心里更是不受欢迎的人。

的确，现在社会上的骗子很多，许多人深受其害，而骗子的行骗方法可能会仿效销售人员的推销方式，顾客再看到销售人员时就很容易想起被骗的痛苦经历，所以他们认为销售人员几乎都是骗子，于是在潜意识中有些排斥销售人员。顾客没有时间和精力辨别销售人员的真伪，所以很容易把所有销售人员"一棍子打死"，认为凡是搞推销的人都是骗子，遇到销售人员就躲着走。

一位金牌销售人员曾说过：作为销售人员，你不是要打动顾客的脑袋，而是要打动顾客的心，因为心是离顾客钱包最近的地方，是顾客的感情，脑袋则是顾客的理智。也就是说优秀的销售人员要真正地走进顾

客的内心世界，通过打动顾客的感情，才能让顾客产生购买的想法。

张岩是一位空调销售员，有一天，一位顾客向他大倒苦水："我上次买过一台空调，还是什么知名品牌呢，不到三个月就坏了，滴滴答答地漏水，晚上睡觉都睡不好，老是被吵醒，搞的我白天上班都没有精神，气死我了。你们的空调质量到底怎么样啊？千万别再像上一台一样。"

张岩一听就知道顾客最担心的是产品质量问题，如果自己说服不了对方，那这笔生意就不可能做成，于是他露出一副感同身受的神情，告诉顾客说："原来您也有这种经历啊？几年前我也遇到过这种事。我买的那台空调比您的还要糟糕，不仅大、漏水，关键是它不制冷，开了空调和没开一样，每天房间都像蒸笼一样。他们的售后服务更是没法提，我报修一个多月，居然连个人影都没见。"

这番话引起了顾客的共鸣，两个人一起回忆起购物过程中遇到的各种上当受骗经历，然后张岩不失时机地说："将心比心，我买东西的时候也是消费者，谁也不想买到那些垃圾商品。所以我来这儿做销售员之前就告诉自己，卖的东西首先质量要过关，如果自己都看不过去，再去卖给顾客那就是缺德。我之所以在这家公司工作，就是因为这里的产品质量不错，我自己都一直在用。"

最后他又告诉顾客："如果真的出现什么毛病，我们公司的售后服务非常完善，一年之内，保证为您免费更换，三年之内为您保修，所以请您放心吧。"

经过张岩的推荐，顾客最后购买了那台空调，后来证明，张岩的保证并不是忽悠，产品的质量确实很不错，顾客非常满意，后来还带着朋友买了两台，并和张岩一直保持着紧密的联系。

在这个案例中，张岩听到顾客的报怨之后，先以自己的亲身经历告诉顾客：我也遇到过这种情况，我对这种现象也是深恶痛绝的。获得了顾客的共鸣。接着他又站在一个消费者的立场说明自己对产品质量的重视，绝不会坑害顾客，然后又适时地推荐了自己的产品，并以优良的售

第五章 讲故事，唤起顾客的认同感

后服务承诺，让顾客彻底放下顾虑，购买了他的产品。

不管是价格还是质量，顾客往往都会存在着担忧。针对这种情况，销售人员不要急于求成，你说得越多，顾客反而越怀疑，曾经被骗的经历会让他们对眼前的你产生不信任的感觉。你一定要找出他无法接受你推销的产品的真正原因，想办法消除顾客的心理障碍，让自己成为顾客的朋友，这样顾客才会和你合作。

顾虑是心与心之间的一条鸿沟，填平它，销售人员才能到达成功交易的彼岸。在销售过程当中，顾客心存顾虑是一个共性问题，作为一个消费者，谁也不想买到价格高的、品质差的商品。所以销售人员一定要努力打破这种被动的局面，善于接受并巧妙地去化解顾客的顾虑，如不能正确解决这个问题，将会给销售工作带来很大的阻力。

销售人员如果站在消费者的角度去说服顾客，必然能很容易地就引起顾客的认同。每个人在过去购买商品时总难免遇到各种上当受骗的时候，和顾客交流时，顺便追忆一下这些经历，顾客听过后往往会想：原来他也被人骗过啊！无形之中就对销售人员产生一种"同病相怜"的感觉，从而放下对销售人员的提防心理，也就比较容易接受他推销的产品了。

用真实的故事打动顾客

事实告诉我们，善于讲故事的人总是更显得有吸引力和亲和力。而在销售中，故事的力量比我们的想象要大很多，特别是真实的故事，因为其真实性，在说服顾客上往往更有力量。

胡燕在一家保险公司上班，由于保险是一种无形的产品，顾客很难看到它的直接效益，所以她在推销的时候困难重重。但是，最近她所在的公司一位女经理得了乳腺癌，为她提供了一个很好的真实案例。

这位女经理因为乳腺癌切除了右边的乳房，仍然非常乐观地工作，她说："能多活一天就多赚来一天了。"不料没过多久，她发现自己又得了子宫癌，于是不得已将子宫切除了。在旁人看了，一个女人少了一边的乳房，没了子宫，一定活不下去了，但是她还是那么开朗。不幸再次降临，这位女经理又切去了左边的乳房，大家又开始猜想她该怎么活下去。

换作旁人肯定受不了这样的打击。没想到这位女经理还是天天来上班，她说："真亏了我进了保险公司，否则我不会买这么多防癌险的。现在我要是每个月去一次门诊，保险会报销800元；每个星期去一次，保险会报销3200元；要是一个星期去两次，保险会报销6400元……所以，即使得了这个病，我也不用担心女儿的生活，也不用焦虑将来退休后生活费不够用……"

就是这个真实的故事，帮胡燕拉来了不少订单。每当遇到不愿意买保险的人，她就会告诉顾客："就算你什么保险都不想买，但一定要买

第五章　讲故事，唤起顾客的认同感

防癌险和医疗险。"当她为顾客奉上那位女经理的故事，许多顾客都会深受打动，选择购买保险。

当然，销售人员需要正确使用语言，巧妙地讲故事，让顾客感同身受。需要注意的是，故事一定要是真实的，不能夸大其词，否则会适得其反。在推销中，鲜活的故事就是椅子的坐垫、大地上的阳光、佳肴里的调料，能用最温柔的方式抚摸触动顾客的心灵。为此，销售人员要学会建立自己的故事库，在为顾客介绍产品的时候，能够信手拈来，那么"润物细无声"的同时就会赢得大批订单。

有一位电动车专卖店的销售人员，非常善于用现实的例子为自己争取顾客。下面，让我们看看他是如何打动顾客的。

顾客说："电视上广告比较多的都是爱玛、雅迪，你们的'新日'品牌和它们相比都有啥区别？"

销售人员嘿嘿一笑说："您这么一问就知道您关注过电动车，看来您比较专业。新日品牌怎么样，什么中国驰名商标、中国免检产品、奥运会世博会指定电动车啦，这些就不用多讲。我就给你讲个事，上个月，隆泰小区的一个大爷来买车。他不懂车，来了就问这个牌子怎么样。我说，牌子是好是坏不是自己说的，是顾客自己检验的，骑的人多的不用说也是好牌子。大爷，你搬个凳子坐路边自己数数，过去的电动车有多少是新日的。他就真搬个凳子坐，在我们店门口抽烟。他一数，果然新日最多。几分钟的时间，过去了8辆车，于是他二话没说，进店就推了一辆。"

销售人员通过这个生动的故事，委婉地表达了新日电动车的销量高，并且暗示，销量大的产品就是好产品，间接说出了新日与其他品牌的不同。在销售中，销售人员不要跟顾客说连续销量多少年第一，每年卖多少万台，这些数据都离顾客太远，让人听起来很假，也到不了顾客的心里。如果你能奉上一个生动的案例，显然会取得意想不到的效果。

显然，对销售人员而言，讲好一个故事，就能多卖一个产品。因此，销售人员要通过讲故事的方法,来让顾客心动,让顾客认同你的产品,认同你的理念。用一个真实的故事来打动顾客,不但有助于你快速销售产品,还能在顾客心中树立一个良好的形象。

第五章　讲故事，唤起顾客的认同感

销售员一定要会讲的五类故事

讲故事可以吸引顾客对产品和服务的关注，因此，每一个优秀的销售员几乎都是讲故事的高手，他们会针对不同的顾客，因地而异，因时而异，讲述不同的故事。

通常和顾客见面沟通的时候，顾客一般会有一些疑问。顾客的疑问主要是："你是谁""你来干什么""你能给我带来什么好处""怎样证明你所说的好处或者利益""不买你的产品或服务有什么坏处或者危害"？

针对这五个疑问，销售员可以用讲故事的方式应对。这里不单单要求销售员向顾客说明自己姓什么叫什么，而要进一步明确自己的角色。销售员的角色应该是弹性的，举例来说，销售员这次的任务是向顾客推销产品，这时候，销售员的角色是推销人员。如果销售员要为顾客讲解产品或者服务的使用，这时候，销售员的角色是顾问、专家。

销售员的角色定位不同，所受到的接待和受欢迎程度自然也是不一样的。销售员在每一次见顾客之前都要把自己进行一次定位，这样在见到顾客的时候才会知道自己该怎么说，该怎样做。

对顾客的第二个疑问："你来干什么？"销售员可以有多个答案，可以是例行拜访，也可以是深入沟通，还可能是推荐新产品。要成为顾客感兴趣、受欢迎的销售员，要充分考虑顾客的心理，并结合自身情况，给顾客感兴趣的方案。

顾客的第三个疑问："你能给我带来什么好处？"作为销售员，在与顾客沟通前，应该做好与销售有关的准备工作，也就是一定要有备而来，清楚自己会给顾客带来哪些、什么样的好处，会解决顾客哪些实际问题，等等，只有这样，才会有效地打消顾客这个疑问。

第四个疑问："怎样证明你所说的好处或者利益？"销售员不要"王婆卖瓜，自卖自夸"，那样无法取信于人。要想方设法拿出证据，帮助顾客相信你所说的是真实的，比如拿出翔实的、令人信服的数字来说明你所言非虚。

第五个疑问："不买你的产品或服务有什么坏处或者危害？"这个问题很实际，毕竟要消费就要掏钱，所以一些顾客就难免有这样的疑问。这个时候，就要求销售员耐心给顾客讲解产品或者服务能够解决哪些问题，如果没有这样的产品或者服务，就会产生哪些不好的结果，等等。这样顾客自然就会明白你所推销的产品或者服务可以带给他们什么。同时，顾客在面对即将获得的好处和马上要面对的坏处的时候，往往会对后者更敏感。

销售员要善于发现顾客在经营管理等方面的问题，并能够以专家的角度进行处理。这时候，销售员会成为顾客依赖的对象。

这五个疑问是绝大多数顾客的正常心理反射。作为一名优秀的销售员要永远牢记这五个"问号"，围绕它们讲好故事。把这五个"问号故事"养成自己的销售习惯。反过来讲，讲好了这五类故事，就可以成为优秀的金牌销售员。

一个适宜的故事，可以让顾客产生对你和产品的兴趣，因此，在和顾客交流沟通的时候，要及时送上一段具有吸引力的故事。在讲故事的过程中，可以从不同的角度对产品或者服务进行深入分析，以促进销售向前发展。

第六章 SALE
吊胃口，激发顾客的购买欲

第六章　吊胃口，激发顾客的购买欲

调动顾客好奇心，让他爱上你的产品

人们总对新奇的东西感到兴奋、有趣，都想"一睹为快"。更重要的是，人们不想被排除在外，这大概可以解释为什么人们对于新产品信息和即将发生的公告信息总是那么"贪得无厌"。所以，销售人员可以利用这一点来吸引顾客的好奇心。

从心理学来说：好奇心是个体遇到新奇事物或处在新的外界条件下所产生的注意、操作、提问的心理倾向。它作为一种优势心理过程，驱动个体主动接近当前刺激物，积极思考与探究。好奇心是认知与情感相互作用的产物。好奇心是人类的天性，是人类行为动机中最有力的一种。

利用顾客的好奇心必须根据具体情况来设计具体的语言，激起顾客好奇心的方法应该合情合理，奇妙而不荒诞。业务员应该向顾客展示各种新闻、奇遇、奇才、奇谈、奇货等合乎客观规律的新奇事物来唤起顾客的好奇心，以达到接近顾客的目的，而不应该凭空捏造违背客观事实的奇谈怪论来诱惑顾客，更不可装神弄鬼，进行迷信宣传。另外还要注意，无论利用什么语言，都应该与推销活动有关。如果顾客发现业务员的接近与推销活动完全无关，很可能立即转移注意力并失去兴趣。

人们对你卖的东西产生好奇，也就意味着你已拥有了一半的成交机会。销售人员如果能巧妙地利用人们的好奇心，往往很容易达到促销的目的。

美国杜鲁茨城一家贮藏水果的冷冻厂发生了一场火灾，经过人们努力扑救，虽然火势没再继续蔓延，但仍然损失惨重。冷冻厂的老板自然

这样说顾客才会听，这样做顾客才会买

感到万分痛心，这时他看到有十几箱香蕉已被大火烤得变成了土黄色，表面还出现不少小黑点，但尝过之后发现，这些香蕉一点都没变质，相反，由于火烤的原因，这些香蕉还别具一番风味。为了尽量减轻损失，老板把这些香蕉交给一个叫鲍洛奇的销售员，让他降价处理。

当时，普通香蕉每磅的售价是4美分，老板让鲍洛奇以每磅2美分，降价一半出售。老板还交代，香蕉只要能够卖出去，不至于浪费掉就行了，即使价格再低一点也可以卖。不少顾客走到他的摊前，见到这些丑陋不堪的香蕉，只好摇着头转到别的摊位前去了。第一天，鲍洛奇只卖出了8磅。

第二天一大早，鲍洛奇又开始叫开了："各位先生，各位女士，大家早上好！我刚批过来一些进口的阿根廷香蕉，风味独特，只此一家，数量有限，快来买呀！"很快，鲍洛奇的摊前就围了一大群人。众人目不转睛地盯着这些黄中带黑的"阿根廷香蕉"，有些犹豫，不知道要不要买。

看到这么多人围到自己的摊位前，鲍洛奇兴奋极了，立刻鼓动三寸之舌："阿根廷香蕉，阿根廷香蕉！最新进口的，我们公司好不容易批到的。这种香蕉产在阿根廷靠海的地区，阳光充足，水分多，风味独特！"

在人们将信将疑之际，鲍洛奇不失时机地问一位穿着得体的小姐："小姐，请问您以前尝过这种'阿根廷香蕉'吗？"这位小姐在摊位前张望很久，鲍洛奇早已注意到她了。她的眼睛好奇地盯着这些香蕉很久了，那样子很像打算买，只是还没有最后拿定主意。鲍洛奇决定从她身上打开突破口。

"哦，我可没有，从来没有尝过。这些香蕉蛮有意思的，只是有点黑。"小姐说。

"这正是它们的独特之处，否则的话，它们也就不叫阿根廷香蕉了。你见过鹌鹑蛋吗？鹌鹑蛋也是带有黑点，但是鹌鹑蛋却特别好吃，不是吗？"鲍洛奇唾沫飞溅地说，"请您尝尝，您从来没有尝过风味如此独特的香蕉，我敢打赌！"接着马上剥了一只香蕉递到小姐的手里，小姐接过吃了一口。

"味道怎么样，是不是非常独特？"鲍洛奇不失时机地问。

第六章　吊胃口，激发顾客的购买欲

"嗯，味道确实与众不同。我买8磅。"小姐说。

"这样美味的阿根廷香蕉只卖10美分一磅，已经是最便宜的啦。我们公司好不容易弄到这么一点货，大家不尝尝？错过机会您想买就买不到了。"鲍洛奇大声吆喝起来。

既然那位小姐已经带头买了，而且说味道独特，再加上鲍洛奇的鼓动，大家不再犹豫，纷纷掏出钱来，想尝尝"进口的阿根廷香蕉"到底是什么样的独特味道。于是你来5磅，他来3磅，十几箱被大火烤过的香蕉竟然以高出市价一倍的价钱很快卖得精光。

可见，经商中设置悬念吊起顾客的胃口，是一种行之有效的游说方法。在你满足了对方好奇心的同时，对方也就会自觉地接受了你的意见。

吊顾客的胃口时，销售人员还必须根据具体的情况注意以下两方面：

一方面是，销售人员无论以何种办法引起顾客的好奇心理，必须做到出奇制胜。由于每个顾客的文化水平、经历背景不同，爱好兴趣也不尽相同，某人看来新奇的事物，另一人看来并无新意。销售人员绝不可弄巧成拙，增加接近的难度。

另一方面，销售人员无论以何种方式吊起顾客胃口，都必须与推销活动有关。如果顾客发现销售人员所玩的把戏与推销活动完全无关，可能会立即转移注意力，并失去兴趣。

这样**说**顾客才会听,
　　这样**做**顾客才会买

利用"从众心理"刺激顾客的购买欲

　　"从众心理"是指个体在社会群体的无形压力下,不知不觉或不由自主地与多数人保持一致的社会心理现象。社会心理学研究认为,群体对个体的影响主要是由于"感染"的结果。个体在受到群体精神感染式的暗示时,就会产生与他人行为相类似的模仿行为。与此同时,各个个体之间又会相互刺激、相互作用,形成循环反应,从而使个体行为与大多数人的行为趋向一致。

　　在销售过程中,销售人员经常会遇到这样一些顾客,他们在做出购买决策之前,往往左摇右摆、举棋不定。尤其是对产品不是很了解,或缺乏相关的购买经验以及面临较大购买风险时,尽管销售人员一再向对方保证产品的质量及它能够带来的利益,顾客仍然很难痛快地做出决断。

　　这样的顾客明显缺乏自主性和判断力,在复杂的消费活动中犹豫不定、无所适从。因此,如何尽快打消顾客顾虑、让顾客早点做出购买决定便成为销售人员首先要解决的难题,否则花费再多心血也将无济于事。在这种情形下,利用消费者"从众心理",通过第三方引导顾客做出购买决断,往往成为行之有效的方法,从众便成为顾客最为便捷、安全的选择。

　　某工程公司的吴经理最近打算购置一台小型挖掘机。他从朋友那里了解到,国产的三一和奥泰两个品牌的机器都不错,并且已经找过三一的销售人员商谈了,经过详细的介绍和对比,吴经理对两个品牌都比较满意,始终拿不定主意。

第六章　吊胃口，激发顾客的购买欲

奥泰公司的销售员小陆听说之后，立即登门拜访吴经理，相见之后，小陆问道："吴经理，我是奥泰公司的小陆，听说您最近承接了一处新工地，生意这么好，真是恭喜您了！"

吴经理："哪里！哪里，我正头疼着呢，接了这个工地之后，原先的机子不够用了，我想再购买一台挖掘机，就是不知道该买哪一种好。"

小陆听他这样说，庆幸自己来得正是时候，吴经理果然还没确定下来，于是他把一些产品资料拿给了吴经理，详细介绍了产品，并提出："后天公司会有一个展会，能提供免费试机，希望您来体验一下。"吴经理愉快地答应了小陆的邀请。

回到公司后，小陆立刻安排几位已经下单的顾客后天到展会现场直接提货。

展会当天，吴经理如约过来试机，"恰好"看到了那么多人在现场争相购买的火爆场面，小陆趁热打铁，鼓动他说："吴经理，您也亲眼看到了，我们公司的产品现在非常受欢迎，而且现在是展销会期间，如果购买，还会有不少优惠，如果错过这个时机，可能就要等到下一次了。"

吴经理听他这样一说，马上沉不住气了，立即决定买一台，当天便交了订金。

吴经理的需求非常明显，也有购买力，但是他缺乏决策的魄力，在两个品牌之间徘徊不定。在整个销售过程中，吴经理一共出现过两次"从众"的情况：第一次是听从朋友的推荐；还有一次，就是在展场看到很多人购买，马上也拍板购买。小陆就是利用顾客的从众心理，为自己在品牌竞争中增添了砝码，使成功的天平倾向自己，赢得了此单。

"从众"是一种比较普遍的社会心理和行为现象。大家都这么认为，我也就这么认为；大家都这么做，我也就跟着这么做。从众心理在消费过程中，也是十分常见的。因为好多人都喜欢凑热闹，当看到别人成群结队、争先恐后地抢购某商品的时候，也会毫不犹豫地加入到抢购大军中去。

这样说顾客才会听，这样做顾客才会买

多川博是日本著名的企业家，闻名世界的"尿布大王"，之所以被人们这样称呼，是因为他成功地经营婴儿专用的尿布，带领公司创下了年销售额高达70亿日元，并以20%速度递增的辉煌成绩。

创业之初，多川博果断决定专业化生产尿布，然而想不到的，尿布生产出来了，但是在试卖之初，基本上无人问津，生意十分冷清，几乎到了无法继续经营的地步。

多川博万分焦急，经过苦思冥想，他终于想出了一个好办法。他让自己的员工假扮成顾客，排成长队来购买自己的尿布，一时间，公司店面门庭若市，几排长长的队伍引起了行人的好奇："这里在卖什么？""什么商品这么畅销，吸引这么多人？"

多川博又让销售人员趁机加大产品宣传力度，直接鼓动顾客："夫人，您看这家公司的产品那么受欢迎，想必质量一定不错，孩子的健康才是最重要的，您没兴趣去购买几条来试用一下吗？"

如此一来，也就营造了一种尿布旺销的热闹氛围，于是吸引了很多"从众型"的买主。随着产品不断销售，人们逐步认可了这种尿布，买尿布的人越来越多。后来，多川博公司生产的尿布还出口他国，在世界各地都畅销开来。

多川博就是利用顾客的从众心理打开了市场，成为世界闻名的"尿布大王"。当然，他成功的前提是尿布的质量好，在被顾客购买后得到了认可。因此销售最终还是要以质量赢得顾客的，而利用从众心理效应只是一个吸引顾客的手段。

一般说来，群体成员的行为，通常具有跟从群体的倾向。表现在购物消费方面，就是随波逐流的"从众心理"，当有一些人说某商品好的时候，就会有很多人"跟风"前去购买，即使不怎么好，也会在心理上有所安慰，毕竟大家都在买，肯定差不了，即使上当也不是自己一个人。

消费者的"从众心理"给销售人员推销自己的商品带来了便利。销售人员可以吸引顾客的围观，制造热闹的行情，以引来更多顾客的参与，从而制造更多的销售机会。例如，销售人员经常会对顾客说，"很多人

第六章 吊胃口，激发顾客的购买欲

都买了这一款产品，反响很不错""小区很多像您这样年纪的大妈都在使用我们的产品"，这样的言辞就巧妙地运用了顾客的从众心理，使顾客心理上得到一种依靠和安全保障。

利用稀缺效应激起顾客占有欲

唐代诗人白居易《小岁日喜谈氏外孙女满月》诗中有"物以稀为贵,情因老更慈"。这是物以稀为贵最早的出处。意思是事物因稀少而觉得珍贵。鲁迅先生曾在《藤野先生》一文中说过这样一段经典的话:"大概是物以稀为贵罢。北京的白菜运往浙江,便用红头绳系住菜根,倒挂在水果店头,尊为'胶菜',福建野生的芦荟,一到北京就请进温室,且美其名曰'龙舌兰'。"这反映了一个亘古不变的道理,即物以稀为贵。

通常来说,当一样东西开始变得越来越稀少时,它就会变得更有价值。这就是我们平常所说的"物以稀为贵"的现象。甚至一些原本不完美的、一文不值的东西,也会因为稀少或者独一无二,而变成重金难求的珍品。例如,印刷模糊的邮票、打磨失败的美玉、两次冲压的硬币、有残缺的瓷器等。因为稀少,因为有瑕疵反而比那些没有瑕疵的物品更有价值,更受到人们的青睐。这说明,短缺因素对物品的价值会起到很大的影响作用。而利用这一原理,我们则能够达到给人施加压力,使之顺从的目的。在生活中,人们常常会使用"数量有限"的策略,当销售人员告诉顾客某种商品供应比较紧张,不能保证一直有货的时候,就会促使顾客及早地采取行动。

从心理学的角度看,短缺因素对商品的价值会起到很大的影响。人们总是害怕失去或得不到,对稀罕物品有着本能的占有欲,反应在消费购物方面,越是稀少的东西,人们就越想买到它。在现实生活中,销售人员可以使用"数量有限"的策略,当销售人员告诉顾客某种商品供应比较紧张,不能保证一直有货的情况下,就会促使顾客及早地采取购买

第六章　吊胃口，激发顾客的购买欲

行动。

"二战"期间，一个美国画商看中了一个印度老太太的3幅画，印度老太太说要250美元，画商嫌贵。印度老太太于是当着画商的面用火柴烧掉其中一幅。画商见这么好的画，又是他想要收藏的，甚感心痛，便问老太太剩下的两幅画卖多少钱？老太太还是说"250美元"。画商又拒绝。

老太太又烧掉了其中一幅画。

这时，画商急了，只好乞求道："大妈，千万别烧掉这最后的一幅了！这幅画要卖多少钱？"

"还是250美元。"

"难道一幅画与三幅画能卖一样的价钱吗？"

老太太见这位美国画商还想讨价还价，于是便说："要不要，现在涨价了，500美元，不然，我就烧掉它！"

这下画商真的急了，生怕老太太将第三幅画也烧掉，便一手按着画，一边说："500美元，我买了！"

后来有人问那印度老太太，为什么要当着画商的面烧掉两幅画？老太太说："物以稀为贵。美国人收藏名画，只要他爱上这幅画是不肯轻易就放弃的，所以我当面烧掉两幅画，留下一幅卖高价呀！"

印度老太太知道这个画商对他爱上的东西是不肯轻易放弃的，宁肯出高价也要收买珍藏，当自己的3幅画都被这位画商看中了，但却不肯出价，于是果断烧掉了两幅，剩下了最后一幅画，利用稀缺会造成商品升值这个道理，勾起了画家的占有欲望，一幅画卖出了两幅画的价钱。其实当时其他的画的价格大概都在100美元到150美元之间，而印度老太太的这幅画竟然卖了500美元，这笔交易可谓是"置之死地而后生"，这位老太太也算是真正的销售高手了。

李威是某百货公司一名非常出色的销售人员，他在向顾客推销产品时，总是能够巧妙地运用稀缺原理来促使顾客尽快做出决定。李威先后推销过十几种商品，虽然面对的顾客有所不同，但是不管推销哪种商品，都能够取得不错的业绩。他总是和顾客这样说：

"先生，这种引擎的敞篷车在本地不超过10辆，而且厂里面已经不再生产了，错过了这次机会，以后想买，恐怕也买不到了。"

"这种厨具就剩最后两套了，而另一套您是不会选择的，因为它的颜色不适合您，所以这套厨具非您莫属。"

"您也许应该考虑一下多买一些，最近这种商品十分畅销，工厂里已经积压了一大堆订单，我不敢保证您下次再来的时候还有货"……

李威这样的说辞无疑是十分有效的，顾客在其影响下，为了使自己不因买不到而后悔，总是会果断地做出选择。先将自己喜欢的商品占为己有，这样才能够安心。这就是李威的成功之处。数量有限的信息确实会对顾客的购买决策产生有效的影响。因此，如果销售人员能够将这种策略合理地应用到商品的销售过程中，则会有效地促进销售。

当销售人员发现顾客对某种商品感兴趣的时候，如果能对其进行巧妙的引导，在说明商品质量可靠、价格实惠的同时，不妨再加上这样一个善意的提醒："这款商品刚刚卖出一套，这恐怕是我们这里最后一套了，如果错过，就需要等到一个星期以后再来了。"

顾客听到这样的话，往往会在害怕买不到的心理作用下，迅速地做出决定，先买回家再说，不能让别人抢先。因为拥有它的机会变少了，而其对顾客的重要性也就大大提高了。

第六章　吊胃口，激发顾客的购买欲

描绘拥有产品后的幸福，激起顾客想象力

销售人员在向顾客介绍产品时，可以通过一定的语言技巧，让顾客在了解事实的基础上，充分发挥自己的想象力，让顾客沉浸在拥有这种产品之后的美好感觉之中，从而对商品产生认同感。这是一种非常高明的产品介绍方式。你可以一边说明产品的各种功能与特点，一边用语言为顾客描绘出拥有这种产品后的情景。

人的想象力是惊人的，对于同一个事物，不同的人会有不同的看法。因此，这就要求销售人员能够用自己的专业语言为顾客的想象力铺平道路，并限制或发展顾客的想象空间，这就像制造一个固定的空间、固定的路径，去引导顾客朝着自己设定的方向想象，从而顺利实现销售的目的。

理想化的状态下，顾客对于销售人员所介绍的产品最好能够自己来亲身体验一下，因为这样做可以给他们的印象更深，使他们的理解也更透彻。但是很多时候，顾客不可能对每件产品都进行亲身体验，因此，这个时候往往就需要销售人员运用高超的口才，为顾客营造出一种美好的氛围和意境，通过全方位的感受来影响顾客尽快做出购买的决定。

怎样才能达到这个目的呢？销售人员在和顾客交谈时，声音、语速、节奏等无不透露出自己的内在情感，可以由此而影响到顾客。当销售人员准备发挥自己的语言魅力，以便带动顾客情绪，说服顾客接受自己的产品的时候，首先要经过仔细地酝酿，尽可能压低声音，减慢语速，同时在整个过程当中，必须保持充分的信心，让顾客感到你在这个方面是

这样说顾客才会听，
这样做顾客才会买

最有权威的，这样顾客就会相信你所讲的每一句话。

例如，你要是销售跑步机的话，你可以这样说：

"先生，您每天锻炼身体吗？请您想象一下这种情形：早上起床之后，您先穿上运动鞋和休闲装，然后打开窗户，深吸一口清新的空气。经过一夜酣睡，您的体力无疑非常充沛。这时候，明媚的阳光照在您的身上，让人感觉无比的轻松与惬意。跑步机就停放在你宽敞的房间里，上面一尘不染，好像在提醒您运动的时间到了。您踏上跑步机，开始慢慢跑动起来，您的速度逐渐加快，您感觉自己身心愉悦，简直有种飞翔的感觉。时间不知不觉就过去了，当您有些轻微出汗时，它会提醒您时间到了，然后您开始洗浴，梳洗整齐，穿上刚刚熨烫过的衣服，信心百倍、神清气爽地走出家门，开始一天的工作……"

这种方法也可以用来介绍产品的功能，它适应范围极广，只要说辞稍微加以变动，都可以起到引人入胜的作用。比如，你现在卖的是空调：

"今年的夏天真是太热了，每天太阳简直像着了火一样烘烤着大地，傍晚下了班，您匆匆忙忙赶回家。当您打开房门，一股炽热立刻扑面而来，这时，整个房间像是一个巨大的蒸笼一样，又闷又热，让人一分钟也不想待下去。您身上的衣服早就汗湿了，就像是贴在身上一样，粘糊糊的，难受死了你冲过澡，还没一会儿呢，又是一身汗水。风扇已经调到了最高速，但吹出来的也都是热风，只是让人更加痛苦。但是只要您购买了空调，那情形就截然不同了，您想象一下，当您赶回家中，打开空调，不过片刻工夫，整个房间立刻变得凉嗖嗖的，趁这个工夫，您可以先去冲个澡，换上一身居家的短裤T恤，往床上一躺，那该是一种什么样的享受啊……"

相信任何人听到这样的话都绝不会无动于衷，他们眼下似乎正置身

第六章　吊胃口，激发顾客的购买欲

于酷热的包围之中，恨不得立刻把空调买回去装上，马上体验一下销售人员口中所说的那种美妙享受。

如果你是销售打印机的，你可以目光温和地直视着你的顾客，缓缓地说：

"家里有这样一台多功能打印机，会给您的生活和工作带来无穷的乐趣和便利。当顾客打电话过来说需要发传真，您再也不必去找传真机，只需轻轻按下接收传真的按键就可以了；如果您需要把一些重要的图片放在电脑里，不用去找扫描仪，只需把图片放好，按一下扫描的按键，资料就会自动输入您的电脑；如果您需要的资料很多，也不必到外面去复印，自己就可以做。另外，您还可以利用它制作自己喜欢的各种照片，照片形象逼真，会让您爱不释手。"

不管是什么产品，只要销售人员能按照它们的功能，为顾客描绘出当顾客拥有这些产品之后立刻可以享受的便利，便自然可以激发起顾客的想象力，让他们开始思考到底要不要购买这件产品。

如果单纯从上面几个案例中还没法看出这种销售技巧的效果，那么我们可以通过下面这个实例来比较一下：

一般的轮胎销售人员可能这样平淡地介绍自己的产品："这种轮胎货真价实，持久耐用！"

而一个具有想象力的销售人员可能会说出这样一段充满戏剧效果的话："您正带着孩子们以每小时 80 千米的速度驱车快速行驶，突然感到车下出现一连串的剧烈颠簸，迫使您将车驶到路边。原来您的车撞上了路面的一条钳口般的长裂纹……震得您浑身骨头都快散了架，震得汽车上的螺栓嘎吱乱叫！您不必担心您的轮胎，只要握紧方向盘就会万事大吉，这轮胎可以应付任何道路状况！"

**这样说顾客才会听，
这样做顾客才会买**

上述两种介绍产品的方式，效果孰好孰坏，不难分辨，相信顾客听了你生动形象的描述，大多都会动心的。这种绘声绘色的描述其实比干巴巴的介绍要管用许多倍，因为这样可以让他们体会到拥有这个东西之后的幸福、快乐。做到了这一点，你也就成功了一半。

第七章 SALE
做内行,介绍产品头头是道

做个产品专家,全面了解所推销的产品

推销人员要把产品顺利地销售出去,首先必须了解自己的产品,这是做好销售工作的基础,也是一名销售人员最起码的专业本领。因为任何销售,只有充分掌握产品知识,它的售价、容量、规格、功能、生产厂家、符合什么认证标准,使用时要注意什么等等,才能吸引和争取到顾客,否则你的介绍就是无地放矢。

李坤就职于北京一家机械设备贸易公司,开始进入公司时他负责督导工作与操作重型机械设备。一干就是10年。在这10年里,李坤积累了大量的产品知识。

虽然李坤不是销售人员,但凡是顾客有需要的时候,他就耐心地给顾客解答一些销售人员不能回答的问题。李坤宝贵的产品知识往往能让顾客得到明确的、满意的答案,顾客当然也对李坤另眼相待。

这些顾客再来的时候甚至直接要求李坤为其服务,而李坤只要有时间也总是细心周到地为顾客介绍。渐渐地,李坤开始与顾客发展出极佳的关系。不久后,许多顾客开始绕过销售人员直接向李坤下订单。

问起李坤的销售秘诀,李坤说:"销售技巧我懂得并不多,我只是把我知道的知识详细、周到地讲给顾客听,并且给他们一个最完善的解决方式。顾客自然而然地就被我吸引过来了。"

后来,李坤索性调换了部门,直接去销售部做销售员,两年过后,李坤的个人业绩已经超越了该公司其他的销售员成为了销售冠军。

顾客在购买产品之前都会想要了解有关产品的更多知识。如果销售人员无法满足顾客的这一基本需求的话，顾客就无法了解产品是否适合自己，也就不会做出购买产品的决定。例子中李坤的销售技巧虽然不如其他销售人员丰富，但是却对产品十分了解，凡是顾客能问到的问题，他总是能给出满意的回答，所以才能吸引顾客前来购买。

那么，具体来说，销售人员需要掌握哪些方面的商品信息呢？

1. 商品名称

掌握商品名称很简单。但需要注意，很多时候可能要推销数种商品，所以不能掉以轻心。商品的名称有全称、简称、正式名及俗名等，这些都要牢牢记住。

2. 商品的性能和特征

熟悉商品的性能，掌握商品的特征，是向顾客介绍商品的重要前提。如果你所推销的商品比市场上其他同类商品具有优势，你就更要注意掌握好它们，并将其作为推销的利器。销售人员的责任就是如何将这些优越性以最吸引人的方式展示给顾客；反之，如果它比市场上其他同类商品差，也要认识到落后在什么地方，并事先做好应付顾客质疑的准备，打有准备的"仗"。

3. 使用方法

多数商品的操作都有一定的规范要求，很多使用说明书根本无法涵盖商品使用的所有注意事项。对此，销售人员切不可偷懒，以为大致了解一下就行了，而要熟练地掌握所推销的商品的使用方法，在给顾客介绍商品时，正确讲给顾客。

4. 售后服务

售后服务是商品重要的竞争要素。有关售后服务，多数公司都有一定的规定，应该正确无误地向用户送达。因此，销售人员必须掌握商品售后服务的详细情况。

5. 市场上竞争商品的情况

要想成功地推销，还要了解市场上同类商品的情况，充分发挥自己商品的竞争优势。可以查阅本公司所搜集的竞争者的有关资料，听取上司以及有经验同事的意见，同时还要尽量亲自接触竞争者的商品，并与本公司的同类商品进行比较，找出其长处和短处。

掌握充分的商品信息之后，销售人员还必须喜欢自己的商品。卖商品的过程就是说服顾客的过程，销售人员必须使顾客相信自己的商品能够给顾客带来利益。你对商品充满信心，你认为顾客购买商品是幸运的，不购买商品则是一种损失，这样才能真正打动顾客。

另外还有一个问题，那就是销售人员如何了解到上述关于商品的信息，如何才能成为了解所销产品的行家呢？通常，可通过下列所述方式。

1. 通过培训学习

在公司组织的培训会上，销售人员对产品有任何不明白、不确定的地方，都可以提出问题直到完全理解为止。不要觉得问问题可耻，更不要满腹疑问却装出一副完全明白的样子，这样只会给自己未来的销售工作带来极大的麻烦。另外，也可以向同事请教，有时候恰恰因为这简简单单的一句话，就有可能在今后的销售中为自己赢得一个重要的订单。

2. 向顾客学习

因为实际使用到产品的人是顾客，而且他们也会和其他公司的产品作比较，所以从某种意义上来说，销售人员最好的老师就是顾客。销售人员必须挤出时间来经常拜访顾客，而且切记在顾客面前要以谦虚的态度向他们学习产品知识。顾客有时会提出连销售人员都想象不到的绝妙点子，而这些点子不但会实现你与这位顾客本人的成交，也有助于你改进未来的产品或者与下一个顾客交易。

3. 自我提高

在激烈的市场竞争下，很多产品的相关信息会发生变化，因此销售人员不能坐以待毙，一定要有自我提高的意识，平时要注意反复阅读产品说明，不断查阅参考数据，掌握产品信息的变化。如果有不了解的地方，也要随时请教领导或产品开发主管。这样不仅有助于提高自己对产品知识的掌握程度，而且会给领导留下好印象。

作为销售人员，如果你连自己要卖的产品都不熟悉，不但是对顾客失礼，而且也会失去销售产品的资格。只有掌握了丰富的产品知识，才能深入地了解顾客的购买动机，才能解决产品推广、定价、产品卖点提炼等问题。

这样**说**顾客才会听,
　　这样**做**顾客才会买

根据顾客的需求介绍产品

　　任何一个顾客到商场去,都是带着某种目的去的,或是了解行情,或是去购买自己所需的商品。因为目的明确,所以,他想要听到的也一定是与此相关的介绍。这就是一种销售手段。也就是说,在向顾客介绍产品时,先要了解顾客的需求,然后根据顾客的需要推销自己的产品,这样才能帮顾客找到他们需要的产品,最终才有可能成功完成交易。

　　如果不问顾客的需要便开始介绍,很可能会让顾客反感。相信我们自己也有过类似的经历,当我们去超市或者去商场购物时,如果一个销售员始终跟着我们,不问我们需要什么,便不停地介绍自己的产品,我们通常的表现是直接拒绝他,或者想方设法摆脱他。但是如果换成另一种情况,我们的感受就完全不同了。例如,我们想买一双鞋,服务员走过来问了我们的需求之后,便开始向我们介绍我们需要的产品,我们不仅不会拒绝,相反还会觉得这个服务员非常热情。

　　我们之所以接受后者,原因就在于后者介绍的产品是我们需要的,切中了我们的需求。因为没有人愿意浪费时间听销售员介绍自己根本不需要的产品。所以,作为一名销售员,我们应该理解顾客的这种心理,在介绍产品时,要切中顾客的需求,这样的销售才有可能获得成功。

　　销售人员会遇到这样的情况:推销的产品并不是顾客需要的。这时,应该怎么办呢?此时,不妨换个角度思考。推销的产品的某一个特点可能不是顾客需要的,那么另一个特点呢,或者其他的特点呢,总能找到一个对方需要的特点,把自己的产品推销出去。有时,我们可以直接询问顾客需要什么,再根据顾客的需要介绍自己的产品。但有时顾客并不

第七章 做内行，介绍产品头头是道

会告诉我们他们的需求，但是我们可以从对话中捕捉到相关信息。

我们来看看下面这两个情景：

一位卡车推销员对一位前来看样品的顾客说："听说你需要一辆卡车，我们公司有你需要的卡车。"

顾客问："载重量是多少？"

推销员回答："我们只有四吨的。"

顾客说："我需要一辆两吨的。"

推销员说："大一点儿有什么不好呢？万一有货多的时候呢？"

顾客说："但是我们也要从成本考虑啊。这样吧，如果以后有需要，再联系你。"

很显然，谈话进行到这里，销售员再想扭转局势就很难了。但是如果一开始，这位推销员改用另一种问法，结局就会完全不同。

推销员："你们平均每次运货多少吨？"

顾客说："平均在两吨左右。"

推销员可以问："会不会有时多，有时少呢？"

顾客说："有的。"

这时，推销员可以告诉他："如果需要买车的话，一方面从货物本身考虑，另一方面会从行驶的路面考虑。"

顾客说："你说得对，但是……"

推销员说："假如行驶的路面有坡度，冬天行驶时，汽车受到的压力也会比平常大，是吧？"

顾客："是的。"

推销员说："据说你冬天运货的次数要多一些？"

顾客说："是这样的，冬天的生意要好一些。"

推销员说："冬天在路面上行驶，货物又多，卡车不是常常处在超负荷状态吗？那么在买车时，你的考虑能否留点余地呢？从长远角度来看，

这样说顾客才会听，
这样做顾客才会买

你觉得怎样一辆车才是最值得买的？"

顾客："当然要看车的使用年限了。"

推销员说："那么您比较一下，一辆常常超负荷运行的车和一辆从来不超载的车，哪一辆车使用的时间更长？"

顾客说："当然是后者了。"

推销员再说："我们的四吨卡车不正好符合您的要求吗？"

从以上两个情景中，我们不难看出如果从顾客需求角度出发介绍自己的产品，推销成功的概率会大大增加。因此，销售员在推销的过程中要善于捕捉顾客的需求。例子中的顾客实际上需要的并不是载重量2吨的卡车，而是一辆更实惠的卡车。销售员在推销时发现了这一点，并通过一系列的提问证明了自己推销的卡车正是顾客需要的车。因此，顾客非常满意地购买了他推销的载重量四吨的卡车。

由此看来，一个成功的销售员首先应该了解顾客的需求，根据顾客需求介绍自己的产品，才能对顾客有所帮助，也才能成功售出自己的产品。

第七章　做内行，介绍产品头头是道

展示有多美妙，产品就有多诱人

形式的作用不可小觑，商品再好，如果不能得到有效的展示，其结果也多半不妙，因此一定要做好商品展示。

简单说，商品展示就是指把顾客吸引到商品面前，通过对实物的观看、操作，使顾客充分了解商品的外观、操作方法以及具有的功能。商品展示在推销过程中犹如一棵即将结果的树，不久就能带来甘甜的果实。

一般说来，顾客走进一家店，只会在店里逗留不到30分钟的时间，所以顾客习惯在进入店里的那一刻就开始搜寻自己想要的商品，因此对于销售端来说，商品的展示就显得尤为重要。因为就算你店里有顾客需要的商品，但是由于展示的问题，顾客并没有发现就选择了离开，你就只能白白丧失了商机。

所以，商品的展示要遵循的原则之一，就是要容易被顾客看到。容易看到的意思就是说商品要能使人一目了然，顾客在快速地扫视中能看到所有商品。而商品的价格也要明确放在商品旁边，避免顾客出现虽然中意产品却没有能力购买的尴尬状况。

商品展示是顾客了解与体验商品利益的最好机会，也是销售人员诉求产品利益的最好时机。在商品展示时，如果顾客愿意投入时间观看你的展示，就表示他确实有潜在需求，这正是你能够证明自己提供的商品能充分满足他的需求的关键时刻，所以一定要把握好这种机会，有逻辑、有顺序、有重点、完整地说明及证明商品的特性及利益。通过这一展示不仅要说明商品的特性，满足顾客的利益，更重要的是要激起顾客的购买欲，借以达成卖出商品的目的。

这样说顾客才会听，
这样做顾客才会买

商品展示前，要做好产品检查工作，以确定商品的品质与性能合乎标准。如果到顾客处展示，必须事先确认展示的各项条件，如电源、操作空间等是否合乎规定，同时还要准备好备用品，以免展示中出现意外，影响展示效果。还要看看展示用品是否准备齐全。

展示商品，既可以应顾客要求把商品搬到顾客处展示，也可以邀请顾客到你指定的地方进行展示。还可以邀请顾客参加商品展示会。

由于商品本身的特性不同，不同的商品在展示时，强调的重点也是不一样的，要么展示的方法不同，要么说明的方式各异。销售人员应尽可能地利用下列的方法，让自己的展示更加生动、活泼，关键是要打动顾客的心，激起他的购买欲望。

第一，重点展示。销售人员需要销售的商品肯定不止一款，其中有公司重点推广的商品，也有并不急于扩大市场的商品。这在商品展示的时候就要有主有次。将公司重点进行市场推广的产品放在比较显眼的地方，其他的商品进行辅助陈列，做到重点突出，才能更好地吸引顾客。

第二，多样、系列。不同产品的特点不同，能带给顾客的体验不同，对于多种多样的产品最好能根据其相近性进行排列组合，性能相近的产品摆放在一起，这样青睐一类产品的顾客就有多种选择的余地。成交的可能性也更大。

第三，重点和多样固然重要，重复也是商品展示中不可或缺的一方面，同款商品或者不同颜色的商品摆放在一起，能形成一种陈列的气氛。比如在一层层的隔板上叠放5件同款、同色又同号的文化衫，烘托出和其他卖家不同的店面气氛。

销售人员每天要接触的是各种各样的顾客，他们的性格不同，对商品的需求也不同。只有在商品展示上下足工夫，才能在最短的时间里得到顾客的青睐。另外，顾客中意某款产品之后就会有做出购买决定的过程，所以商品要能很轻易就能拿到，这样顾客才更轻易购买。所以商品的展示不能过高，这样顾客不能拿下商品亲自体验，就更谈不上买它了。

综上所述，展示商品是销售人员推销商品过程中不可缺少的关键因素，如果展示得好，展示得美妙，就可以增加商品的吸引力，从而打动

第七章 做内行，介绍产品头头是道

顾客的第六感，让顾客跟着感觉购买产品，那就是展示的成功。

除了各种展示技巧的运用，一些细节也是需要销售人员注意的。比如展示的商品不能有污渍，不能展示残次品。服装商品有线头或者缺扣等问题都要休整后再展示。店面内不能有除商品外其他的内容，比如海报、广告等最好贴到店面门口。从细节出发，争取布置最合适的商品陈列，为顾客制造最难忘的商品印象。

优秀的柜台展示，能吸引顾客的注意力，促进交易成功。而失败的展示则会降低顾客的购买欲望。销售人员应该永远以顾客为中心，从顾客的角度审视商品的展示情况，为顾客提供最佳的购物感官体验，吸引更多的顾客光顾。

说得再好也不如让顾客亲自体验

做过销售的人都知道,销售行业有一个术语叫作"体验营销",是指公司或企业采用让目标顾客观摩、聆听、尝试等方式,使顾客亲身体验企业提供的产品或服务,让顾客近距离地实际感知产品或者服务的品质或性能,从而促使顾客对产品有更好的认知,进而喜欢商品,达到销售的目的。

事实上,销售人员经常遇到这样的顾客:不管你怎么认真介绍产品,对方只是漫不经心地听着,一心想着能亲自体验一下就好了。如果销售人员不能洞察顾客的这种心思,甚至在顾客提出试用要求后加以拒绝,那很有可能就失去一位顾客了。

其实,让顾客亲身体验商品并不是一件坏事,这不仅能让他们在购买前体验到商品的性能,还可以拉近商家和顾客的距离。须知,让顾客放心购买商品,是销售的基本原则之一。

张燕在一家品牌鞋店做销售,她知道:即使是同一款鞋,每个鞋号都会有偏差;即使是同一款鞋,同一个鞋号,不同的人穿上也会有不同的感受。所以,她每次都主动说服顾客亲自试穿一下,即使顾客之前已经购买过同一款鞋子。

有一天,她接待了一位年轻女士,这位女士在店里逛了足足有二十分钟,最后在一双春季女鞋面前停下了脚步。张燕赶紧上前:"小姐,真佩服您的眼光,这是我们今年的春季新款,卖的很好。我认为您的身材和气质,穿这双鞋子的效果一定很好。但是光看不知道效果,请这边走,

第七章 做内行，介绍产品头头是道

这边有镜子，您可以试穿看一下。"

尽管张燕介绍了许多，但是这位小姐还是自顾自地看鞋，丝毫没有要试穿的意思。张燕接着说："小姐，鞋子穿在每个人的脚上效果都是不一样的。我说得再好，如果您不穿在脚上还是看不出效果的。买不买都没关系，请这边跟我来，先试一下看看效果怎么样。"

最后，这位年轻女士跟着张燕走到镜子面前试鞋。试了一只，看着很喜欢，还主动要求张燕把另一只鞋也拿过来。顾客在镜子面前看了又看，张燕适时说："真好看，果真很配您的气质。"于是，年轻女士愉快地买下了这双鞋。

很多时候，进入鞋店的顾客并没有购买的打算，这时销售人员要热心地邀请顾客试穿一下新鞋，很有可能顾客穿上之后会很满意，于是就购买了。显然，销售人员可以用自己的热情感染顾客，从而提升销量。

和推销鞋子一样，销售任何一种商品，都要时刻关注顾客的细微反应，包括他们的表情、动作等。只有拿捏好对方的心思，再以专业自信的口吻建议顾客体验，并且用自己的肢体很坚决地引导顾客去试用，就会达成销售的目的。

有些顾客会在一开始的时候拒绝体验，这个时候销售人员一定不能放弃，应该自信地给对方提供体验的理由，并顺势再次做引导体验。整个过程要自然、流畅，让顾客有不好意思拒绝的感觉，但是千万不能强迫顾客。

毋庸置疑，体验的过程对销售很重要，因为体验是站在顾客的角度，以顾客为核心，注重顾客在体验过程中的感受。它不仅可以强化顾客对产品的认识，还能间接表明产品的质量，顺利实现推销的目标。而单纯的体验是不够的，销售人员需要在顾客的体验过程中关注其反应，还要主动询问其感受，让顾客感受到你全心全意的服务精神。

星巴克努力使自己的咖啡店成为一个舒适的社交聚会场所，成为顾客的另一个"起居室"。在这里，既可以会客，也可以独自放松身心。显然，在时尚且雅致、豪华而亲切的浓郁环境里，人们能放松心情，摆脱繁忙的工作,在稍事休息或约会中,得到精神和情感上的满足与报偿。可以说,注意为顾客提供体验式的服务,正是星巴克成功的秘诀。

　　由此可见,销售工作必须以顾客为中心,而对产品的亲身体验则是建立产品和顾客之间联系的桥梁。顾客不仅可以在体验和产品来一次亲密接触,还能享受到销售人员的细致服务,自然会增加他们愉悦的体验,从而吸引其购买。

第八章 SALE
学专家，征服犹豫不决的顾客

第八章　学专家，征服犹豫不决的顾客

让顾客感觉你是个产品专家

当你上门推销时，对方听了你的介绍感觉你是个专家，他会愿意听你继续说下去。因为你知道他需要什么，了解什么，而不需要再花费时间去调研，去做一些无意义的咨询。

有一位营销总监去电子卖场，刚进门就被一个年轻的销售员拦住，销售他们的产品。这位总监对产品毫无兴趣，倒是反过来问道："你是做什么的。"只见那个销售员愣了半晌，才说道："我是专职销售员。"总监微微笑了笑，然后说："你不应该把自己当作是卖货的，而应该把自己当作导购专家。"

的确，现在的顾客更喜欢专家式的销售员，掌握了正确的说话方式的销售员。

一家传真机公司销售刚刚面世的传真机，虽然产品很有优势，但始终不能打开市场。因为传真机价格很昂贵，大约五六万元人民币，所以买家很少。针对这种销售不畅的实际情况，该公司请一家销售公司的资深推销员来帮助他们将传真机推向一个新的领域，打开市场。

这位推销员通过研究传真机的一些特性，发现传真机有3个非常重要的特性，这3个特性是当时市场上所有的通信工具和手段都无法替代的。于是他根据传真机的3个特性到市场上去寻找必须使用这3个特性的顾客以及必须用这3个特性来解决工作中难题的顾客。他很快就发现了目标顾客，是一家石油公司。

这家石油公司在太平洋有很多钻井平台，他们每天要派直升机往返两次获得从钻井平台上采集与钻井采油相关的所有数据，再将这些数据通过一种特殊的方式传递到总部，由总部的专家来分析这些数据。可以想象，用直升机每天往返两次到钻井平台，如果是10个钻井平台，就需要很多的直升机。其次，数据要从钻井平台传到海岸，又由海岸再传到总部，整个传递需要很长时间才能完成。于是，该公司根据这些情况向该石油公司推荐了这一款传真机。最后，该石油公司采购了1000台传真机。

这就是由推销人员来完成的专家式销售，它通过发现顾客的问题点，了解顾客的真实情况，引导和理解顾客的现实，为顾客提供解决方案，最终产生了一个非常大的订单，引发了非常大的市场需求。这和一般的销售代表仅仅通过表面现象去发现问题点或者仅仅通过一个问题点就进行强行的销售有本质的区别，当然也会产生绝对不同的效果。

这种专家式销售就是要求销售人员站在顾客的立场上，销售的不是一种产品，而是一种解决方案。在销售过程中，销售人员要成为能令顾客信赖的专家和顾问，能够解决顾客的个性化问题。

如果是家具销售员，这种专家式的销售员就会上门帮顾客测量、设计家具摆放的方案，在购买时，也会给予顾客非常实用的建议。所以，这种专家式的销售要求销售人员真正理解顾客需求，帮助顾客解决目前生活中遇到的一些问题和未来生活的规划。

成为专家式的销售员，给顾客的感觉是你很专业，那么相对于那些一问三不知的销售员来说，这种销售员更受顾客欢迎。同时，专家式销售还能为顾客提出解决问题的方案，这样顾客也容易依赖你。

此外，专家式销售还能提升产品的附加价值。专家式的销售方式，讲求与消费者的互动及进行深度的情感沟通，与交易式、销售式形成了差异化的竞争优势。这种方式更容易吸引和打动消费者，提升了品牌的附加价值，更容易形成品牌忠诚度。

专家式销售的效果尽管很好，却并不容易实施，所以这种销售方式对销售员提出了很高的要求。

首先，销售人员要做好专家式销售，必须从态度、知识、技能各个方面去提高自己，这样才能成功解决顾客提出问题的策略和方案，成为顾客信赖的顾问和专家。

其次，要培养健康积极的销售心态，即不只是光想自己赚钱得利，心里要有切实为顾客着想的意识和行动。

如果销售人员抱着一腔为顾客选购产品的热情，几乎所有顾客都会为之感动，双方的成交也就顺理成章了。

顾客需要你的产品，但是他不知道你的产品会有怎样的性能；他不知道你的产品解决怎样的问题；他不知道选择哪种产品最好。这就需要你的指导，因为你就是帮助顾客买东西的专家。

以专家的口吻解答顾客的疑问

在推销活动中,销售人员经常会遇到顾客各种各样的异议,顾客会对产品提出这样那样的毛病或不足。比如:

"你产品的样式我没相中。"

"这款价格太高了……"

"你介绍的产品的那些优点属实吗?"

"这就是一款大路货呀!"

……

作为销售人员,当面对这种情况时,你会不会感觉很难抵挡,不知怎样回答。顾客好像真的对产品不满意,当你无法说服他时,是否准备放弃?

如果你是一个优秀推销员,你就可以从中看出对方意见中的另一面——有购买意愿,因为正是对方喜欢这个产品才促使对产品有诸多疑问和挑剔。此时正是推销员推销成功的时候。

如果顾客是对产品本身没有安全感,不一定是说你推销的产品真的就存在安全隐患,或潜伏商业欺诈。这种情况,你应该以专家的口吻耐心做出合理的解释,以打消顾客的疑虑。

在某大型汽车展销会上,一名金牌销售员带领顾客参观展品。有一位顾客看了几辆汽车后,在主打产品前停了下来,听了销售员的介绍后,他摇了摇头说:"××新上市的汽车,和你们主打的这款一样都是小型车,同为五星级产品。但是它排量是1.6升,你们这个才1.4升,而且你们

第八章 学专家，征服犹豫不决的顾客

这个车噪音相对有点大。"

对此，这位销售员解释说："您说得的确没错，看来你对汽车真是了解。那你也一定了解我们车的指标，噪声虽然相对那一款较大，但是仍远远低于国家标准。你可以体验一下，绝对不会影响你的驾车感受。您驾驶我们的汽车，绝对舒适。您再看看我们的汽车，外观上比另外那台更加流畅，也更符合像您这样的年轻白领精英的身份，衬托出您不凡的气质。我们的排量虽然比那台略少，但是动力是足够的，完全适合您在城市中使用。我们这款汽车的设计理念是经济环保，目的是在满足顾客需求的基础上，尽量节省燃料，符合现在低碳生活的节约观念。现在汽油一直在涨价，您选择一辆节省燃料的汽车肯定是个明智的选择，一个月能够为您节省很多开销！您可以把这些省下来的钱作别的投资！而且为了回馈顾客，现在购买可以赠你1年保修期，我保证您买了这辆车，绝对不会后悔！"

一番话，说的顾客连连点头。

这是一次深入说服，也是专家式的说服。销售员销售的产品，和竞争对手相比，在噪声、排量、动力方面存有缺陷，如果单纯地在这些方面比较，这次销售就极有可能遭遇失败。但是这个销售员，却以专家的口吻，扬长避短，突出介绍自己产品的优势：操作舒适、气质不凡、经济环保，引得顾客心理认同。

毋庸置疑，世界上没有完美无缺的产品，更没有完全符合顾客需要的产品，当顾客对产品感到不够满意，他就会提出各种各样的异议。作为销售人员，要辩证地看待问题，要认识到这是推进交易进程的良机，因此要及时抓住契机，给予顾客恰到好处的专业解答。

这样**说**顾客才会听,
　　这样**做**顾客才会买

必要时,用精准数据"秀秀"你的专业度

在销售行业中,我们经常听到有些销售人员抱怨:为什么我们向顾客介绍产品,真诚的就差把心掏出来了,可他还是犹豫不定呢?实际上,这说明你对产品的介绍并未对顾客起到作用。此时,若你能用一组数据说明产品或者用权威、事实等证据,往往就能打消顾客的疑虑,增加顾客的购买信心。

比如,我们举一个推销员的推销实例:

销售人员:"你好,我是xx公司打印机顾客服务部的推销员,我这里有你的资料记录,你们公司去年购买了我们公司的一台打印机,对吗?"

用户:"哦,有这事!"

销售人员:"我给你打电话的目的是,这个型号的不干胶打印机已经不再生产了,以后的配件也比较昂贵,提醒你在使用时要尽量按照操作规程。你在使用时阅读过使用手册吗?"

用户:"没有呀,不会这样复杂吧?还要阅读使用手册?"

销售人员:"其实,还是有必要的。实在没时间阅读当然也是可以的,但机器的寿命就会缩短。"

用户:"我们也没有指望用一辈子,但最近生意比较忙,打印机的任务也就多了一点,如果坏了怎么办呢?"

销售人员:"没有关系,我们还是会上门维修的,当然是要收取一定的费用,但比购买一台全新的还是便宜的。"

用户:"对了,现在再买一台全新的打印机什么价格,最近的业务

第八章 学专家，征服犹豫不决的顾客

量开始大起来了，我还怕以前的那台机器受不住呢。"

销售人员："要看你选择什么型号的，您现在使用的是R210，后续的升级的产品是R270，不过完全要看你每个月的使用频率。以你现在的机器的使用情况，我还真要建议你考虑用后续的了，它的承载量是前者的两倍。"

用户："要是这样，你能否给我留一个电话号码，年底我可能考虑再买一台，也许就是后续产品。"

销售人员："好的，对了，你是老顾客，年底还有一些特殊的照顾，R270型号的渠道销售价格是10100元，如果作为R210的使用者购买的话，可以按照八折来处理，或者赠送一些你需要的外设，主要看你的具体需要。这样吧，你考虑一下，然后再联系我。我可以将一些优惠政策给你保留一下。"

用户："稍等，这样我要计算一下，我在另外一个地方的厂房里要添加一台打印机。这样吧，基本上就确定了，是你送货还是我们去取？"

销售人员："都可以，如果你不方便，还是我们送过去吧，以前也去过，容易找的。你看送到哪里，什么时间比较好？"

后面的对话就是具体落实交货的地点、时间等事宜了。

在这则案例中，销售人员用不到30分钟的时间就再次推销出去了一台打印机。我们发现，自始至终，他的说明都很具体。而正是对这些数据的精通，让顾客折服，相信他的专业素质，从而选择再次与销售员合作。

的确，在介绍产品的时候，一定要显示出自己的专业素质，尽量权威、精确地介绍产品的各个方面，越是精确、越是权威的数字，越能让顾客感受到你的专业，也就越能获得顾客的信任。现在，很多商家和销售人员都意识到了这种方法。

做产品使用专家,把顾客吸引到身边

由于人们都有愿意相信和认可权威的心理(虽然这种信任和认可很多时候是盲目的),所以在销售活动中,销售专家利用了这种影响力和人们对之的遵从和认可。如,很多商家在为产品做宣传时,总是不惜高薪聘请一些专家来做产品的形象代言人,就是为了引导顾客消费。这种措施在客观上有力地促进了销售的进度,提高了销售的业绩。

这种"权威效应"也启示销售人员,在销售活动中、在和顾客交流时要模仿专家说话,采用专业性话语,以求吸引住对方。

在消费者心中,专业代表安全、代表优质,更代表自身能够最大限度地获取到的利益。所以,顾客一般都青睐那些专业化、顾问式的销售员。

作为一名销售员,如果在自己的领域里显示出较强的专业性,能够以专家口吻跟顾客交流,就会提升顾客对自己的信任度,就会更容易说服顾客。

以产品介绍为例,通常情况下,良好的产品介绍需要符合FABE的要求:F代表产品的特征;A代表产品的优点;B代表顾客的利益;E代表证据。在给顾客介绍产品时,要把产品的机能、材料、外型、使用性、便利性、价格以及可以给顾客带来哪些便利和利益等,都要说清楚、明白,才算是良好的产品介绍。看下面这个产品介绍:

诸位请看,这是一款新式调料瓶,瓶口有舌状的倒出口,出口上刻有5厘米的沟槽。这个沟槽的用处是防止瓶内的液体外漏,但不会妨碍往里面倒入液体,油、醋、酱油等都可以由此口无障碍地倒入。

第八章　学专家，征服犹豫不决的顾客

这款调料瓶优点之一是在倒完瓶内所装液体后，不会在瓶口存留所倒的液体，因此看起来十分干净卫生。根据我们的市场调查，这一特点是市场上同类商品不具备的，因此特别难能可贵，有着非常好的销售前景。

您再看，这款调料瓶的外形是圆锥形，盖子也是圆的，上下一体，给人一种圆润、光洁的感觉。颜色方面，也有蓝、黄、绿三种颜色可供选择，可以说外观时髦别致，既可以放在厨房，也可以放在餐桌和食品柜中。因此，从外型到实用性上看，这款新式调料瓶都堪称完美……"

这个产品介绍比较符合 FABE 的要求，从产品的性能、外型、使用、特色，以及给顾客带来的利益都介绍得十分清楚，顾客也会听得明明白白。

专家式介绍要求销售人员要站在顾客的立场上介绍产品和服务，并给予顾客以专业的解答。但是有些销售人员，为了让顾客觉得自己是这一行的专家、对自己所售产品十分了解，就在向顾客介绍产品时，一味地用专业术语来包装自己，想以此来赢得顾客的好感和信赖。但是这样卖弄专业术语的行为，往往会给自己的销售带来不良后果。顾客会因为这些听不懂的术语与你产生沟通障碍，也会因为这些高深的术语对产品失去兴趣。

石梅进入保险行业快三个月了，虽然经过一段时间的培训，对保险行业的专业术语已经了解得非常透彻了，但是她却一桩生意都没做成。

原来，每当顾客表现出购买兴趣的时候，石梅就会搬出一堆专业术语为顾客做介绍，什么"费率""债权""债权受益人"等，顾客往往被满嘴专业术语的石梅搞得一头雾水，根本不懂她在说什么，最后只能婉转地谢绝。可怜的石梅竟然不知道顾客为什么不选择她。

适当地使用专业术语，会突显出专业性，由此更能获得顾客的信赖与支持。所以销售人员一定要努力成为产品的使用专家，并能以专业的口吻为顾客释疑解惑，把顾客吸引到自己的身边来。

做顾问式销售，为顾客提供问题解决方案

顾问式销售起源于20世纪90年代，是一种全新的销售概念与销售模式，在当前非常受顾客欢迎。它是指销售人员站在专业角度和顾客利益角度提供专业意见和解决方案以及增值服务，使顾客能做出对产品或服务的正确选择和发挥其价值。

在顾问式营销过程中同时建立了顾客对产品或服务的品牌提供者的感情及忠诚度，有利于进一步开展关系营销，达到较长期稳定的合作关系，实现战略联盟，从而能形成独具杀伤力的市场竞争力。

传统销售理论认为，顾客是上帝，好商品就是性能好、价格低，服务是为了更好地卖出产品；而顾问式销售认为，顾客是朋友、是与销售者存在共同利益的群体，好商品是顾客真正需要的产品，服务本身就是商品，服务是为了与顾客达成沟通。可以看出，顾问式销售将销售者定位在顾客的朋友、销售者和顾问三个角度上。因此，如何扮演好这三种角色，是实现顾问式销售的关键所在。

简单地说，顾问式销售提供给顾客的不是产品，而是专业的解决方案。销售员不再是卖产品的推销员，而是顾客解决问题的顾问。所以也就回避了价格这个敏感的问题，企业也就不会在价格战的漩涡里挣扎。

让我们来看一位车载导航系统销售人员采用顾问式销售，向某4S店推销车联网系统的成功案例：

齐国伟是恒晨导航公司的销售人员，多年的工作经验，让他对顾客的各种需求了如指掌。他先向顾客介绍了自己的产品——车联网系统，

第八章　学专家，征服犹豫不决的顾客

并展示如何基于车联网系统与顾客进行远程故障诊断、信息发送、顾客关怀等，然后对顾客说："对于4S店来说，现在卖车的利润比较薄，后续保养才是盈利关键，但很多车主对4S店维修费用非常担心，总觉得会乱收钱，所以免费期后基本不到4S店了。如果通过车联网远程故障诊断，随时可以知道车辆状况及需要保养的项目，4S店提前给车主做出一个保养规划，车主相对会对4S店信任很多，一定会成为国内4S店服务的一个突破。"

这番话一针见血，令4S店采购负责人心悦诚服，但是他们最为关心的还是费用问题："我们了解到除了一次建设后台服务的费用，日常顾客人员费用也很高，如此一来，车主会不会拒绝接受安装这种系统？"

齐国伟胸有成竹："的确。除了建立系统外，日常客服、网络等都需要费用。不过，这种新型服务也可以给您带来可观的收入。"

"有可观的收入？哦，我们可以收顾客服务费用。"顾客非常惊奇。

"对，一般来讲，拥有私家车的家庭都属于在城市中收入较高的阶层，是厂家销售的产品的最佳对象。通过上车联网系统，与顾客日常沟通，这是一个非常有利的资源。可以利用该服务平台向顾客发一些商业信息。"

"这是一个好的广告方式。"

"这些广告的收入完全可以支付日常的费用，从经济上讲也非常划算。因此向顾客提供车联网TSP服务是一个一举三得的好项目。4S店可以向车主提供更好的服务，车主行车安全更有保障，广告厂商有一个非常好的广告机会。"

经过齐国伟的解说，顾客茅塞顿开。不久，该4S店开始向恒晨导航公司采购车载服务系统，为车主提供信息服务。

事例中，齐国伟从顾客的立场去分析问题，高屋建瓴地为顾客提供了专业的解决方案，从而获得了顾客的信赖，立即决定购买这款车联网系统，非常痛快地做成了这笔生意。

现代社会的分工越来越细，大家购买产品或服务时，朋友、同事、网上可能会提供一些经验和意见，但是作为买家，顾客往往认为销售人

员的意见才更为专业。同时顾客也知道销售人员急于把产品卖出去，因此顾客有理由怀疑销售人员会不会为了将产品卖出去而夸大他的产品？他现在给出的承诺真的能够兑现吗？

顾问式销售模式的建立条件比较严苛，如果销售人员不能取得顾客的信赖，无论说得多么天花乱坠也不能打动顾客。因此销售人员在向顾客提出建议之前应该与顾客建立互信的关系。

建立互信关系的第一步是要进入顾客的视野并树立形象。很多公司能够提供满足顾客需求的产品，但是顾客只会与少数的公司洽谈。顾客选择的依据是对厂家的理解，即厂家在顾客心目中的形象。我们前面谈到的展会、展览会、广告都是市场部门帮助销售人员进入顾客视野并树立形象的好办法。

建立互信的第二步是展现优势并使顾客敞开心扉。顾客在重要的采购中更加慎重，直到觉得这个厂家有优势和价值，顾客才会敞开心扉，谈出他的要求。这时顾客与销售人员的互信才建立起来。

顾问式销售是以顾客动机、需求和利益为导向的。销售人员要明白顾客终极的动机是顾客个人和机构利益的共同点，即顾客本人希望通过这个项目达到什么目的，建立在顾客动机之上的才是顾客的需求。销售人员掌握的是产品的特性、益处和证据。找到顾客的动机和需求，利用自己公司和产品的特性、益处和证据使顾客信服就是顾问式销售的本质。

只有销售人员与顾客经过合作之后，彼此之间互相信赖，建立了长期合作伙伴关系，顾客在新产品选择、内部管理、人员分工与激励等各种问题上都乐意与销售人员讨论，委托销售人员提供最为专业的建议或解决方案，这才是真正的顾问式销售。

第九章 SALE
摆优势,让顾客买到满意的产品

第九章 摆优势，让顾客买到满意的产品

介绍产品一定要突出产品的"卖点"

了解自己所推销的产品的功能和各项技术指标及特点，是销售人员必备的基本功，只有具备了这种基本功才可能将产品的突出特点作为重点向顾客展示，以达到"不同凡响"的效果，让顾客心甘情愿地买单。

顾客的购买欲望是销售得以顺利进行的前提条件，这是每个销售员都应知道的常识，激起顾客的购买欲望是产品具有吸引顾客的卖点，而这一卖点就是产品优势。而顾客只有看到这种产品相对于其他同类产品的优势，才会对产品产生购买欲望。

高琪是一家家用电器公司的推销员，一次，他通过朋友介绍说，某社区敬老院预购买一批洗衣机，于是就上门推销。

接待高琪的是院长老陈，听完高琪的介绍后老陈明确表示说："我们确实想换几台洗衣机，但是，今天上午已经来了三个推销员了。我正考虑买哪一种呢。这样吧，你也跟他们一样，留下一张名片，等我考虑好了给你打电话。"

高琪知道，面对几个竞争对手只有突出自己产品的优势才能让对方选择自己的产品。如果只留下一张名片就离开，很难说他们会选谁的。

于是，高琪问老陈："你们原来有洗衣机，为什么要换呢？"

老陈说："是啊，原来的洗衣机用的年头多了，现在老人多了，要洗的衣服也增加了，所以才想买几台。"

"是呀，洗衣机的修理既耗费时间又耗费精力。所以，我想帮您介绍一下我们公司的洗衣机，我想它一定可以很好地帮您解决这个头疼的问题。"高琪解释着。

老陈不信，摇摇头说："全天下的洗衣机的保修期差不多都是一年。"

高琪承诺："我们公司的洗衣机不一样，保修期为三年，并且，三年后还会负责上门维修，费用才是市场价的一半。这是我们产品与众不同的最大优势。"

听高琪这样说老陈有点意外："那洗衣机的其他功能怎么样啊？都是怎么卖的呢？"

"我们公司洗衣机的其他功能跟其他公司的洗衣机是一样的，费用也跟同类产品差不多，同样的价钱得到不一样的服务绝对是物超所值。"

老陈听到这，马上心动了："好吧，你给我说说买这款洗衣机的具体细节吧。"

产品最突出的亮点就是它能否给顾客带来他所期待的利益，或者在帮顾客解决问题方面发挥一定的作用。因此，因人而异，强化自己产品的特点，是销售人员应该提前想到的问题。

下面这个例子也很好地证明了这一点：

某天，一位推销员敲开了某小区一位顾客的家门，向这家推销化妆品，这家的先生来开门。

看到主人来开门，推销员主动介绍说："打扰了，我是来向你推销我们品牌的化妆品的。"

这位先生告诉他："我太太不在家。你下次来吧。"

销售人员马上回答说："请等一下，我今天来是特意找你的。"

"找我？我又不是女人，不用化妆品的。找我干嘛？"

销售人员解释说："你有所不知。虽然平时太太来买化妆品，但是我们的化妆品和其他的产品有所不同。"

"哪儿不同？"

"我们把产品的盒子设计成别致的心的形状，因为心的含义代表着疼爱和关心，你买一款送给你太太的话，不就是表示了你对太太的疼爱

第九章 摆优势，让顾客买到满意的产品

和关心了嘛！她看见这份礼物的时候一定会很感动，很开心的。"

听到这，先生问了："多少钱？"

"爱是无价的。"

"好吧，我买一款。"

销售人员就这样三言两语的把一款化妆品卖给了这位先生。

对于销售人员而言，成功之道就是要挖掘每一种产品的"个性"，首先销售人员要对产品有一个全面、深刻的认识，这样才能明确地划分优缺点，找到容易被忽略的特性，给顾客一个"出乎意料却在情理之中"的惊喜。

一般情况下，销售人员在向顾客介绍产品时，无论什么产品，都会先从以下几个方面展开：实惠、方便、安全、关怀和成就感。针对不同的产品，销售人员的说辞可以千变万化。比如，你可以说："这个产品使用起来非常方便，能给你节省大量的时间""这款商品的设计理念，能够表现出你对家人的爱""这款产品非常符合你的品位"等等。

销售人员应该注意，对于产品卖点的说明，应该密切结合顾客的实际需求。否则，你用词再华丽，产品功能再丰富，也还是不能达到吸引顾客的作用。

当销售人员掌握了顾客的需求后，就应该在心底默默地分析产品的优缺点，顾客的需求与产品有哪些切合点，分析出产品的哪些优点是符合顾客期望的，顾客有哪些需求又是难以实现的。只有做到心中有数，才能强化产品的特点和优势，有针对性地对顾客发起进攻。

让优势看得见：对产品的功能进行现场演示

将自己所推销的产品拿到顾客单位或推销现场当众演示它的功能，是很多推销员常用的推销技巧。相比语言推销，实物功能演示更生动、更活泼，信息含量更大，更受顾客的喜爱，其本身的引导作用更大。

很多人都相信"行胜于言""耳听为虚，眼见为实"，即使推销员说得天花乱坠也不会被打动。那么，怎样才能使他们相信产品的效果呢？其中的一种办法是进行示范。在很大程度上，示范是为了使顾客能够产生进一步了解产品的兴趣，展示产品的一两种特别突出的特色和功能，因此推销员应该设法把示范搞得富有趣味性。

一位推销胶水的推销员让顾客在一页纸的一端涂上胶水，粘在一本厚厚的书上，然后再用这页纸把书提起来。通过这种方法，他向顾客显示了胶水的粘合力。这样的示范看上去很有说服力。事实上，如果推销员能够充分利用一些富有说服力的演示，就可能使顾客觉得出乎意料，大大提高对产品的兴趣。

对于一些自己能亲自参与的事情，人们常常会非常注意。因此，为了吸引顾客，推销员可以让他们自己来参加示范，所产生的效果也是非常强烈的。当然，如果要让顾客参加示范，推销员也要做好精心的准备，因为教别人使用某种产品与自己使用是截然不同的两回事。这种示范所产生的引导作用要比纯靠语言的引导作用强得多。一般来说，如果一次示范成功，顾客就会在很大程度上认可这种产品，取得推销的成功。

要使演示成功，必须注意示范的内容，即要怎样示范，通过这种示范要达到什么效果，如产品的某一突出性能，这一效果要能引起顾客的

第九章 摆优势，让顾客买到满意的产品

充分注意，引导他们认可这种产品。如果你推销胶水，你的示范仅仅表明胶水能把纸给粘住，这是起不到什么引导作用的。如果在示范的时候，在大庭广众之下，出现了意想不到的问题，其结果是无法挽回的。当然，任何事都可能发生。推销员应在平时考虑一下出现意外情况下的应对措施。要是没有心理准备，因为临时出现问题使示范出现差错而手足无措，会起到相反的作用，关于这一点，推销员却是应该注意的。

应该说，对于推销员来说演示也是推销员经常使用的技巧和手段。上门推销一些较大的、不方便携带的物品，如果不想因用那些双方都听惯了的推销语言而使气氛沉闷，演示是一种不错的办法。可以说，演示是一种顾客喜闻乐见的方式，演示的结果也会对顾客产生强力的引导。

1. 促使他们注意你的产品

顾客有时并非心甘情愿地接受推销，有时对所推销的产品已经有了一定的了解，或者他们对你的推销说明并不感兴趣。任何人都有心不在焉的时候！当顾客在倾听你的推销说明的时候，很容易走神而没有参与你的积极会谈，你的当务之急是如何将顾客的心思引入正题。这时你就必须有生动活泼的推销演示，它可以吸引顾客的注意力与兴趣，并且使之保持时间更长久。这是演示技巧的主要优点之一。

顾客的兴趣是推销活动顺利进展的重要条件之一。如果演示制作得较为精美，就能使推销产生更强有力的效果。

2. 使推销更直观，引导顾客把握推销点

演示能使推销更直观。当你想向顾客解释产品的正确使用方法时，显而易见，生动的演示远比口头说明更容易令顾客了解。同时还可以运用一些信号和其他的声音。这比单独运用一种媒介能产生更好的效果，容易引起顾客的共鸣。

同时，在市场上，有些产品或服务的推销是相当复杂的。这就要求我们在推销时要有创造性的演示方法，通过自己的推销说明与演示，使顾客能清晰地了解产品的性能，从而将产品推销出去。

所以，同单纯的语言推销相比，演示使推销更具有直观性。这种直观性能使顾客对一些比较复杂的问题，或不好用语言说明的问题有更清

晰的了解。特别是对一些推销的重点，通过演示更好地展现出来，从而引导顾客关注这些推销点。这样推销的目的就达到了。

有时候，演示以幻灯片、录像带为媒介，使用方便，可以把它赠送给顾客；随着现代信息技术的发展特别是互联网的迅速发展，网上传播信息的速度加快，并且十分方便，这使得演示具有更强的生命力。一家公司可把演示直接放到网上，推销员在外面可自由使用，十分方便；消费者可直接点击观看，使产品信息传播得更加广泛。

公司和厂家应加大力度制作一些精美的演示片。这些演示要把主要内容都包括进去。同时，可把演示分为几个片断，供不同的顾客群使用，这样使演示既有很强的针对性，又有一定的适用性。

第九章 摆优势，让顾客买到满意的产品

让顾客参与对产品的评判和改善

就一般常识而言，推销员在向顾客介绍和推销自己的产品前，是要向对方出具关于产品的所有文件的，比如：合格证、使用说明书等。目的就是要让对方完整地接受你的方案或产品。如何做到这一点呢？举个题外的例子吧：

前苏联有一位画家每次给小说画插图时，总是在一个角画上一只狗。编辑当然坚决要求删除这条不伦不类的狗，画家则"据理力争"，最后才"迫不得已"忍痛割爱。结果，插图的其他部分几乎不会有什么改动就发表了，画家达到了他真正的目的。

画家为什么要多此一举画这只狗？他的目的很明显，在保证画的真正内容不受损害的情况下，给编辑一点"参与"的方便。在日常推销活动中同样可以用这样的方法引导顾客，但知道这样做的人并不多。大多数人为了给对方留下一个美好印象，把那些建议书之类的书面文件搞得尽善尽美，无可挑剔。遗憾的是，这类会让专家点头不已的文件，放到顾客面前后，往往毫无效果。

为什么呢？完美文件的制作者或许精通自己手中的商品或方案，却不懂得人性的特点之一是喜欢参与！推销员若能巧妙地利用顾客喜欢参与的心理加以引导，往往会使顾客爽快地做出购买决定。如下例：

一个靠推销装帧图案给纺织公司的生意人，盯上了一家大纺织厂，并决定把它列为目标顾客。他每星期跑一次，整整跑了三年，但连一幅设计图案都没有推销出去，对方老板总是看一看草图，双手一摊，说："很抱歉,先生,我看今天我们还是谈不成。"

后来,这位生意人改变了推销方法,他故意带着未完成的装帧草图,再次去见那位老板。"我想请您帮个忙,如果您愿意的话。这里有一些未完成的草图,希望您能指点一下,以便让我们的创作者们根据您的指导来完成它。"

这位老板答应看一看。三天后,这位生意人再次去见那位老板,老板中肯地提了意见。而后,根据老板的意见,艺术家们修改了图案。结果,这批设计图案全部被这位老板收购了。从此,这位生意人用同样的方法,轻松地推销了许多图案!

我们无需对"让顾客参与"所形成的引导力量感到惊讶。事实就是这样,很多人因为不善于运用它、不注意它而四处碰壁,而善于运用它的人则轻而易举地获得了佳绩,这就是两者之间的差别所在。我们还可以看看下面这个例子:

位于美国纽约布鲁克林的一家大医院要增购一台X光仪器。得知这个信息之后,许多商家的推销员前去拜访负责鉴定X光仪器的主治医生,夸耀自己的仪器有多好,是全美最好的。只有一家公司的推销员声称自己的仪器虽属全美最好的产品,但仍不够完善,正在努力改进,希望这位主治医生能来公司提出改进意见,并称届时派人专程来接。

这位主治医生起初感到十分惊讶,同时也感到极大的荣幸,因为从来还没有一个X光仪器制造商征求过他的意见。这立刻使他觉得自己身价倍增,尽管那个星期的日程已经排得满满的,但他还是取消了一个重要的应酬前去看那部仪器。

"我感觉并没有人推销那部仪器。但我反而觉得非常有必要去看看,结果它的质量真的不错,我买下了它。"这位主治医生事后这样说。

第九章　摆优势，让顾客买到满意的产品

对于一个专业推销员来说，如同必须熟练运用其他引导技巧一样，尽力创造条件，让顾客参与你的工作也是必须熟练运用的引导技巧。这样可以使顾客懂得商品的真正价值，更深刻地体会到自己拥有某一商品的实实在在的好处，从而果断地做出购买决定。

价值制胜：帮顾客分析买的合算不合算

当销售人员在进行产品推销时，如果质量没有问题，那么，影响顾客购买的原因多半是价格问题。遇到顾客嫌产品太贵的情况时，一定要耐下心来给顾客一个合理的解释，告诉顾客正是由于这些与众不同的优点促使了高的价位。你可以做这样一个比较：花5元钱买一个灯泡，用了一年就坏掉了，比花8元钱买三年都不坏的灯泡，哪个更划算呢？这样，就打消顾客对于产品价格方面存在的异议。

作为一个销售员应该知道，质量好的产品成本要比那些质量差的产品高，在售价方面自然也就相对要高许多。但是，大部分的顾客并不认同这个观点，认为这只是商家为了提高价格赚取更多的利润而找的一种借口。所以，他们通常会质问销售人员："为什么这么贵？""为什么你们的产品就要比别人贵这么多？"面对这种情况，销售人员一定要把握好分寸，运用一定的技巧来化解。比如：

有一位顾客走进了一家家用电器销售店。
售货员打招呼问道："你好，先生！我们这里有你需要的电器吗？"
顾客表示想买一台xx牌的电风扇。
售货员将所有的这一品牌的电风扇介绍给他。看了之后顾客表示："看起来都不错，但就是价格有点偏高！"
售货员解释说："你说的一点没错，刚开始的时候我也和你的想法一样。但是经过这么长时间的经营和销售，这个xx牌的风扇质量相当靠谱，出现质量问题的概率非常小。如果你去买一台便宜点的电扇，质量得不

第九章 摆优势，让顾客买到满意的产品

到保证，以后光维修费就可能是一个庞大的数额！所以综合比较起来，我认为这种电风扇的价格还是比较合理的。你觉得呢？"

最后，顾客认同了，买卖也很快成交了。

上面的销售员在顾客提出关于价格方面的异议时，先对顾客的想法表示赞同，使顾客感受到了来自销售员的理解和尊重，然后再亮出自己的观点，为说服顾客做好了相关的准备工作。当顾客得知产品的价格高是由于质量好的原因之后，也就不存在什么异议和疑虑了。

当然，在销售过程中帮助顾客释疑是有多种方法的，比如：

一位销售员通过下面的方式来推销他的化妆用品："你好，欢迎光临，现在我们店里正在搞促销活动，这款化妆品是买一赠一的，你可以先过来看一看，这款200毫升45元，还赠送你一瓶100毫升的补水面膜。"

听到售货员介绍后，顾客说："可是，据我所知，xx公司也在进行产品的特价活动，不仅量要比你们的多，而且价格也要实惠很多。那你们的产品凭什么比人家的贵呢？"

这时，任凭销售员如何强调自己商品的质量要比他们的好很多也无济于事了。

本来这位销售员已经成功唤起了顾客对于产品的兴趣，可是却因为缺乏合理的解释，最终失掉了这位潜在的顾客。如果销售人员能够换一种解释方式，可能顾客就会非常乐意地接受产品了。

比如，这样说："的确，他们的产品价格是要比我们的便宜一些，但是如果就产品的特点来考虑，我们的产品会更适合你的肤质。像你的这种皮肤，每天只需要一点，就可以完成对皮肤的保养，方便、简单。而且，我们还给你赠送一个补水面膜，在每天睡觉之前使用，对于你的皮肤保湿更加有效。还有，一般情况下我们的产品可以使用两年，一共才45元，既经济又实惠。"

那么，这位顾客就可能被你的介绍所打动。

先向顾客展示产品的好处，然后再提及价格，让顾客亲口承认自己的产品价格确实是不贵的，这样一来，顾客便会乐意购买产品了。

这样说顾客才会听，这样做顾客才会买

在销售中，不管是考虑产品的质量，还是考虑产品的价格，顾客最关心的一个问题，永远都是自己的利益。当你进行产品的报价时，不管你提出的价格是否真正合情合理，顾客总是会说一句话："你的产品太贵了，能不能再优惠点。"当你遇到这种情况的时候，你应该如何巧妙地为他讲解产品并不贵的理由呢？

遇到这种情况，销售人员一定不能直接否定顾客，回绝或者指责顾客，这样的做法无疑是把顾客拒之门外。顾客说出这样的话自有他的道理。如果销售人员能够站在顾客的立场上进行换位思考，考虑他的所想并认同他的感受。那么很快就会赢得顾客的好感，随后再把产品价格贵的原因告诉他。"一分价钱一分货"的道理，顾客其实是非常明白的。这样一来，顾客就会很乐意接受这个高价位了。

如遇到总是觉得"你的产品太贵了"的顾客时，也可以考虑这样回答："价格有点贵不假，不仅是很多顾客这样认为，甚至连我自己都觉得有点贵了。但是，根据我们的顾客回馈记录来看，很多顾客在使用了我们的这种产品之后都有了很大的反响。他们发现，我们的这种产品不仅质量好、效果也不错、经久耐用，而且服务也是相当到位，从整体上来看，其实不仅仅是为你们增加了利润，还节省了一些不必要的维修费。对于这样的产品，相信每一个购买的人都会满意的。"

当顾客对销售员的报价产生强烈的不满情绪时，销售人员首先要稳定住顾客的情绪，通过采用一些合适的方法，让顾客自己说出他认为最满意的价格。再把这两种价格进行比较，算出差额，然后主要在差额上动动脑筋，只有这样，才能够比较轻松地攻破顾客心中的价格壁垒。比如：

一位顾客向销售员抱怨："你们产品的价格实在是太高了，甚至有些离谱。"

销售员问："那你能接受的价格是多少？"

"不超过1万元。"顾客回答。

对此，销售员做了这样的解答："你的价格和我们的价格相差了整整2000元。这也从一个侧面说明了你已经对我们的产品进行了充分的了解，而且信任我们的产品才会选择。当然，你也一定知道这款制作面食

第九章 摆优势，让顾客买到满意的产品

的效率往往是一般机器的 2～3 倍，只需要短短几个月的时间就能够帮助你把机器的差价挣回来。我想，对于这种能够创造高利润的机器，你一定不会放弃的吧。"

如果你能这样解说，相信顾客一定不会再和你计较价格了。

请记住，作为一名销售人员，真诚的劝说，要比那些虚假、漂亮的言辞更能获得顾客的心。只有合理地劝服顾客，让顾客对产品完全放心，顾客才会购买你的产品。

找到产品和顾客共通点，增强顾客认同感

在面对顾客的时候，要让顾客自愿停下正在做的事情，听自己介绍产品，只有一种可能，你所说的一切都让顾客听了感兴趣。

而我们又都明白销售人员在向顾客销售时，实际等同于与一个利益对手在做面对面的谈判。倘若顾客感兴趣，销售活动就易于展开，因为销售人员与顾客之间起码有共同语言。

因此，如何引起顾客的兴趣，并且是对所销售产品感兴趣，这一点至关重要。这关乎后面进一步的产品销售，不然，销售行为就是不成立、不成功的。作为一名销售员，人和产品如果都没能引起顾客的兴趣，无疑是失败的。

其实要想引起顾客的兴趣，很简单，那就是让顾客好奇，从顾客的兴趣出发，结合产品特点让其对产品产生好奇心理。唯有这样，人们才会进一步接受我们的销售要求，才有机会更全面地展示产品，从而完成销售任务。

科比是一名女性内衣销售员。他对朋友说："我承认，作为男性，当我向一位女顾客介绍产品的时候，很容易遭到白眼或者无视，但是随着销售经验的增多，我慢慢掌握了一些窍门，甚至发现了一些男性推介女性用品的好处。"

实际上，科比已经是一位业绩斐然的优秀销售员了，我们可以重放一个科比的售货场景：

一位女顾客走进了店里。科比先是远远地观望了女顾客一会儿，当

第九章　摆优势，让顾客买到满意的产品

女顾客稍稍在一排睡衣前驻足了一会儿时，科比走上前去。

"你好，小姐，请问你是需要睡衣吗？"

"啊，是。"面对科比的出现，这位女顾客显然有些吃惊。

"那么需要我为你介绍吗，或者你可以告诉我你的一些要求。"

"嗯，你介绍吧。"

"好的，这几款都是100%纯棉的睡衣，是店里新到的款式，非常舒适。"

女顾客点点头，打量着科比介绍的那几款纯棉睡衣的款式。

"我们这几款花色卖得很不错，有些码号都已经断货了，请问小姐大概穿几号呢？"

"嗯，我想要中号，但这两种花色，我不知道哪一个更适合我。"

"噢，"科比仔细打量女顾客，女顾客也配合地将睡衣在自己身上比划给科比看。

"嗯，我觉得紫色典雅大方更适合您。"

"那中号是否会有些大？"

"完全不会，睡衣宽松一点会舒适许多，并且纯棉多次洗涤之后会有一定的缩水，中号的即使缩水也会合穿。"

"哦，是的，我以前的睡衣现在就小了。"

……

接着，相当顺利，科比完成了销售，他将女顾客送到门口，从女顾客的表情来看她十分满意科比的服务。

"你怎么知道她喜欢紫色？"同事饶有兴味地问科比。

"她穿着颜色非亮色，包包的颜色也是暗色，所以她喜欢的颜色可能偏暗色。"

"那你又怎么知道她喜欢纯棉的睡衣？"

"从她的打扮上就可以看出来，她的衣着不张扬且很舒适，是一位追求品质的女性。"

让顾客对产品产生情感上的认同感的重点就是在要销售的产品和顾

这样**说**顾客才会听，这样**做**顾客才会买

客之间找到一个连接点，这个点就是产品与顾客的共通点，即产品的哪些特征可以很好地凸显顾客的品位。科比由对女顾客的打扮来判断对方会喜欢纯棉的睡衣，由此在第一时间吸引住了女顾客。

如果要在这一点上达到理想的效果，需要：

1. 准备一个适宜的开场白

对销售存有抗拒感，这是顾客在每一次销售过程中都会有的感受。在信息时代，销售资讯泛滥，人们对销售言辞产生抗拒感可以算是一种正常的现象。因此，准备一个能够吸引顾客注意的开场白是解说技巧当中的一种。而什么样的开场白能够吸引顾客，这应当针对不同顾客进行不同设计。新型销售模式要求销售人员务必在销售行动之前做足功课，这当然也包括设计一个针对要拜访的潜在顾客的开场白。

而无论是何种方式的开场白，目的只有一个，那就是引起顾客对产品的注意。

2. 引起顾客情感上的共鸣

同样一款产品对不同顾客的吸引是不同的。为了使产品对顾客的吸引力最大化，销售员除了要了解顾客的情况以外，还要结合自己所销售的产品特点，两者合二为一才能制造出完美的销售制胜点。

3. 我们自身要和我们的产品一样吸引人

除了产品以外，销售人员还应当积极兼顾自身的塑造，这等同于为产品增加吸引顾客的筹码。顾客对我们所销售的产品感兴趣，不仅是因为产品能够给他们带来效益，而是在这之前他们还需要我们的服务与帮助，销售人员的优异表现能够为产品增值加码，没有销售人员的存在，顾客恐怕很难单纯对某产品感兴趣。

推销人员如果掌握了以上的推销技巧，无疑会拉近自己与顾客的距离，让他们产生购买愿望。

第十章 SALE
玩套路,让顾客听从你的引导

第十章　玩套路，让顾客听从你的引导

学会套路提问，有效引导顾客关注焦点

在销售中，只有懂得巧妙地提出问题，才能够在和顾客的沟通中很好地控制住局面，最后成功说服顾客。因为说服的艺术并不在于你来我往地各抒己见，而更多的是隐藏于一问一答的过程之间。提出相应的问题，可以诱使你的谈话对象去仔细地思考，然后再说出他的意见与看法。

有这样一个关于"提问引导"的实验：

让人们观看关于一场车祸的幻灯片。其中一张幻灯片里有一辆红色的达特桑在一个黄色的让行牌旁。然后有人被试问："你有没有看见别的车经过停车牌旁边的达特桑？"结果，大部分人都记成了达特桑旁有一个停车牌，而不是让行牌。研究人员的口头信息、词汇以及问题改变了人们对于所见的记忆。

用提问来引导的隐秘说服力，从这里可见一斑。我们进行隐秘说服的目的就是要以令顾客做出某种行为（购买、尝试、捐赠、投票等）为目标，在他们的脑子里制造一些印象。使用恰当且有力的词语，配合正确的问题可以操纵别人的想法，最后，顾客就照我们希望的那样去做了。为此，需要学会进行有效提问。如何做呢？可参照下面的做法：

1. 主动式提问

主动式提问是指销售人员通过自己的判断将自己想要表达的主要意思说出来。一般情况下，对这些问题顾客都会给予一个明确的答复，看下面这个洗发露销售人员是如何提问的：

销售员："现在的洗发露不但要洗得干净，而且还要有一定的护发功能才行,是吧?"

顾客回答:"是的。"

销售员:"为了能够护发养发就要合理地利用各种天然药物的作用,从而在洗发的同时做到护发养发,这种具有多种功能的洗发水您愿意用吗?"

顾客:"愿意。"

这样,销售员就水到渠成地引导顾客将关注的焦点放在了推销的产品上。

2. 反射性提问

也称重复性提问,就是以问话的形式重复顾客的语言或观点。例如:"你是说你对我们所提供的服务不太满意?""您的意思是,由于机器出了问题,而给你们造成了很大的损失,是吗?""也就是说,先付50%,另外50%货款要等验货后再付,对吗?"

这样的提问通常会得到顾客肯定性的答复,从而让交流顺利进行下去。

3. 指向性提问

这种提问方式通常是以谁、什么、何处、为什么等为疑问词,主要用来向顾客了解一些基本事实和情况,为后面的说服工作寻找突破口。如:"你们目前在哪里购买零部件?""谁在使用复印机?""你们的利润制度是怎样的?"

4. 细节性提问

这类提问的作用是为了促使顾客进一步表明观点、说明情况。但与其他提问方式不同的是,细节性问题是直接向顾客提出请求,并请对方说明一些细节性问题。例如:"请您举例说明你的想法?""请告诉我更详细的情况,好吗?"

5. 损害性提问

这种类型的提问,其目的是要求顾客说出目前所使用的产品存在哪些问题,最后再根据顾客的回答情况来说服顾客。例如一位复印机推销

第十章　玩套路，让顾客听从你的引导

员问潜在顾客："听说你们当前使用的这种复印机复印效果不太好，字迹常常模糊，是吗？"显然，这类问题极具攻击性，如果使用不当，很可能会引起顾客的反感。所以，在提出这类问题的时候，一定要注意用词和语气的委婉，并要充分考虑顾客的承受能力。

6. 结论性提问

这种提问是根据顾客的观点或存在的问题，推导出相应的结论或指出问题的后果，诱发出顾客对产品的需求。这类提问通常使用在评价性问题和损害性问题之后，例如：当顾客对问题进行肯定回答之后，复印机推销员便可以接着使用这种结论性的问题："用这样的复印机复印广告宣传材料，会不会影响宣传效果？"

销售人员想要提问的问题千万不能操之过急，要审时度势地提问，不能让顾客觉得你是为了问问题而问问题，要起码保持双方交谈的兴趣，在这个基础上按照自己的意愿主导交流沟通的方向。因此，提问的时机是非常重要的。如果你着急要提问问题，一定要等对方把话说完之后再接着提问，否则不仅会打乱对方的思路，还很有可能破坏对方回答问题的兴趣，这样容易失去提问的主动权。

此外还要注意穿插一些和问题无关的话题，这样才不会引起顾客的反感。而每次提出的问题要有连贯性，否则最后你会搞不明白顾客到底需要什么。同时要注意观察顾客的情绪，如果顾客很乐于交谈就尽量多提问，如果对方并不愿意多说话，你的提问只会带来相反的效果。

总之，提问是销售沟通中经常运用的语言表达方法，通过巧妙而适当的提问，可以摸清对方的需要，把握对方的心理状态，透视对方的动机和意向，启发对方思考，有利于说服对方接受你的建议，增大成交的几率。

先推销概念，再推销产品

"销售人员必须创造一种感觉"，这是一位资深销售经理对部下的忠告。他说，销售人员不能仅仅把精力放在产品上，还要注重顾客的心理体验，尤其是在销售过程中要创造一种情境，让对方得到一个新奇精准的概念，从而意识到潜在的价值，或满足自己某方面的需求。

注重概念的推销是销售人员必须具备的一种理念。实际上，真正优秀的销售人员在工作中会忘记自己推销的产品，专注于推销概念。经验表明，先让顾客接受你的概念，才能让顾客接受你的产品。所以，要想在商战中取胜，除了你推销的产品有特色或者品牌吸引力之外，最好能具备一种独特的理念。如此一来，即使面对强大的竞争压力，你也能在品牌过剩、产品严重同质化的情况下抓住顾客的心，最大程度上提升自己的业绩。

在推销汽车的时候，吉拉德总是千方百计要每一位顾客都"闻一闻"新汽车的味道。而当顾客闻过新汽车的味道之后，大多会表示汽车的味道并没有什么独特之处。这时候，他会奉上自己独特的理解："所谓的'味道'：就是开心无比，风光无限；就是和太太、孩子一起郊游时的快乐；就是亲戚朋友的祝贺和羡慕。这个味道是您的生活，您的事业，是您的爱情和您所有的美梦。"

很多时候，顾客害怕踏上一辆新汽车，也不愿意试一试新车，因为他们会担心自己欠下销售人员的债，到最后不买也不行。这个时候，吉拉德就会把顾客推上驾驶座的位置，让他们能够近距离地闻闻新汽车的

第十章 玩套路，让顾客听从你的引导

味道。

一旦顾客的手握住了方向盘，吉拉德就会接着告诉对方：这辆新汽车可以带你去任何你想去的地方。倘若顾客就住在附近，吉拉德就会说服对方把车开回家去，这样太太和孩子们也能看一看新汽车了，而那时候，邻居们也会站在门口张望——为了看一眼新汽车。

吉拉德很少向顾客解释车的车型，也不告诉顾客发动机用了哪个牌子。只是告诉顾客一种概念——新车是有味道的，帮您吸引更多人的关注，是身份地位的象征。他让每个人相信，只要能买下这辆车，就能开着它到处炫耀，这往往是顾客下定决心不再动摇的根本所在。

虽然，产品在推销过程中占据重要的位置，但是销售人员应该学会忘掉产品，因为对于顾客而言，产品的概念往往比优良的质量更有吸引力，也更有保障。

概念的说服力比语言的说服力要大上很多倍，如果打通了顾客的心理防备，即使产品在一定程度上存在不足，也会被顾客主动忽略掉。所以，一名优秀的销售人员要懂得在销售中运用概念的力量，同时要能利用简单的数字帮助顾客理解概念，这样顾客对概念才能有深刻、透彻的理解。最重要的是，顾客会对概念有一种认同。

其实，销售人员细致地向顾客介绍产品的功能、型号、材料或者售后服务等各个方面，都是为了能够引起顾客对产品的关注，从而达到销售的目的。但是，如果能为自己的产品设计一种独特的理念，这个理念并不是别的产品能轻易替代的，就能满足顾客"这是最特别的"的心理，会帮助销售人员轻易实现推销的目的。

另外，"概念"不能只靠销售人员的解说，如果能引导顾客体验商品，不论是销售人员亲自示范还是顾客亲身试用，都能在真实情境中为顾客加强概念，从而提升推销工作的实际效果。毕竟面对顾客的反复询问，实例才是最有说服力的。

先把人情做透，再利益驱动

做生意离不开人情，离开人情，生意也做不大，所以聪明的销售人员总是想方设法与顾客搭上关系，增进彼此的感情，把人情做透。

哈佛商学院的罗斯教授曾说过这样一句话："将未成交的客户当成爱人，将已成交的客户当成家人。"这句话强调了销售中销售人员要与客户处好关系，把人情做透。

事实证明，与顾客建立交情深厚的关系是极为有效的一种促销手段。可以说，情谊是彼此交换想法，并达成一致意见和感情日渐深厚的一个重要标志，是实现成交目的的一项重要保障。因此，销售人员要把这种手段当作一种成交捷径，有意识地运用它。

几年前，杰克购买了一所大房子，房子虽说不错，可毕竟是一大笔钱，以至于付款后总有一种买贵了的感觉。就在全家搬进新居两个星期之后，房产商打来电话说要来拜访。

杰克不禁有些奇怪。早上，房产商来了，一进屋就祝贺杰克选择了一所好房子。之后他和杰克聊了起来，他给杰克讲了许多当地的趣闻，他还带着杰克围着房子转了一圈，说明杰克的房子如何与众不同。他甚至还告诉杰克附近有哪几个住户大有名气。这一番话让杰克疑虑顿消、心情大好。

此时，这位房产商表现出的热情甚至超过卖房子的时候。房产商的热情造访让杰克大受感动，一颗不安的心平静下来。杰克确信自己买对了房子，很是开心。从此他们成了朋友，彼此间的关系远远超越了买卖关系。

第十章 玩套路，让顾客听从你的引导

房产商用了整整一个上午的时间来拜访杰克而没有利用这段时间去寻找新的客户，他这么做吃亏了吗？没有！一周后，杰克的一位朋友对杰克房子旁边的一栋房子产生了兴趣，杰克便介绍他去找那位房产商。杰克的朋友虽然没有买那座房子，却从那个房产商那里买了一处其他的房子。

下面这一则是美国著名推销大师坎多弗尔在佛罗里达州讲的故事：

早晨，一位年纪较大的妇人来到我们店里，她是我们店的老主顾丽塔夫人。她看中了一枚钻石胸针，便开支票买下了。我在给她包装好后便跟她闲聊起来。我告诉她，我自己也喜欢这枚胸针，这胸针上的钻石产自南非最大的钻石矿，是我们店里最好的，希望她会喜欢。

听完这话，她感动地说，她自己一开始还特别担心，那钻石是否货真价实，现在完全放心了，并谢谢我跟她讲了这些。刚过一小时，她又带来一位顾客，原来两个人住同一家公寓，她把我介绍给她的朋友，夸我跟她亲儿子一样，要我陪她朋友在店里瞧瞧。她虽然没买什么昂贵的东西，却也花了些钱。送她们两位出了门，我想，今天不仅生意好，还结识了两个新朋友，这是最主要，也是最开心的。

在成功地销售完商品之后，再用热情的语言、诚挚的行动和对方沟通与交流，就会和客户建立感情。随着情谊的不断加深，或许你会得到意想不到的结果。聪明的销售人员总会让顾客感受到自己语言和行为的魅力，不但能从自己这里能得到实惠，还能像朋友一样地沟通感情。要记得，有打折、优惠、物美价廉的好产品时千万不要忘记打电话，把好消息告诉你的老顾客。让他感觉你不但在工作上认真，和他感情也不错。

当他购买趁心如意的商品时，再送一些小礼品如贺卡之类的东西，这些小饰品尽管是你自己购买的，也要说是厂家给员工赠送的。这样会"快马加鞭"，让你们的关系更温暖、融洽。通过人情＋利益的模式，你就会在对方的心里烙下很深的印象。下一次还怕他不来你这里买东西吗？他不但自己一定要买，还可能亲戚朋友都将成为你的客户呢。

"我不卖了":给顾客一点儿威胁

几乎所有人都有过这样的经历,当受到批评时,难免会产生一定的抗拒心理,如果能够合理地利用人们的这种心理,就会很容易改变某些人的顽固心理。如果在一个房间的墙壁上贴上"不准进入"的纸条,也许会有更多的人想进到房间里看看究竟。

同样,在推销活动中,如果销售人员适时地告诉顾客"我不卖了",那么顾客购买的欲望也许会更大。所以销售人员要变得聪明,碰到态度恶劣的顾客时,有时可以试着态度强硬一些。也就是,销售人员应该适当学会说"不"。

有些顾客对于产品的挑剔简直让人无法想象,他们在要求高质量的基础上,还希望能有很低的价格。销售人员此时要做的就是:告诉顾客你的产品价高是因为有质量保证。如果对方还犹豫不决,那么就不妨直接告诉他,如果不能接受你现在的价格,那么你就不卖了,希望下次能有机会合作。

销售员小肖自从做销售这一行以来,销售业绩一直很好,甚至在很多时候,别人卖不出去的产品,她都能很顺利地推销出去。在被问到为什么能这么容易地完成销售时,她说了这样一段话:"事情其实说起来也没有那么难,在推销过程中,双方地位应该是平等的,很多销售人员都把自己的地位降得很低,面对顾客就是服从、服从再服从,这样的推销方式肯定不行。你要变得比顾客更聪明,要站在平等的基础上,介绍

第十章 玩套路，让顾客听从你的引导

给顾客一个合理的价格时，适时地传达出'超过这个价格范围我就不卖'的意思，那么顾客的心理就会被矫正过来，对于产品，他们可能就会欣然接受。"

从小肖的话里我们不难看出，适当地向顾客传达"我不卖"的信息是很重要的，当大多数的销售人员普遍说"是"的时候，由于你给顾客留下的这种与众不同的印象，你被选择的可能性也许会更大。在谈判过程中，销售人员一定要学会适当使用"威胁"。只要运用得当，无疑会对你的销售工作起到良好的促进作用。

杨峥是一个建筑公司的业务员。他最近接手了一项非常大的工程项目的谈判工作，公司给出的谈判价格是8.6万元，而业主给出的价格是7.5万元。经过一段时间的谈判，业主提高到了8万元，但公司的价格底线却是8.4万元。

这该怎么办呢？这时候，杨峥站起来对谈判做了总结性发言，他说："我看这样好了，我想谈判不应该就这么完了，我们在价格上都花了这么长时间了，并且我们的价格已经非常接近，双方都能接受，如果因为0.4万元的分歧使谈判破裂那是我们双方的耻辱。"

对方显然心动了，最终，他们说："那我们折中怎么样？"杨峥显得有些迟疑，说道："折中，什么意思？我要8.4万元，你给8万元，你说你会涨到8.2万元，你是这个意思吗？"

"是的，"对方说，"如果你能降到8.2万元，我们就成交。"杨峥又说："8.2万元听起来比8万元更合适一些，这件事，我得同上级领导商量一下，看看他们的意见如何。我明天给你回话。"

第二天杨峥对谈判对手说："哦，真不好意思，领导们态度强硬！我本来相信自己能让他们接受8.2万元的，但我昨天晚上花了两个小时——又过了一遍数据，他们坚持说如果比8.4万元少一分钱，我们就会

亏本，也就是说如果低于这个价格，这单生意我们就不做了。"最终，这单生意以 8.4 万元的价格成交了。

　　虽然每个销售员都希望尽快促成交易，但是很多时候，成交不可能那么顺利，这时候，有必要玩些套路。适当的时机下，"威胁"顾客"我不卖了"就是一种重要的套路，如果时机掌握得好，会"迫使"顾客听从你的引导，促成交易。

第十章　玩套路，让顾客听从你的引导

欲擒故纵，颠覆顾客认知

　　销售人员都知道，在销售中，顾客经常会出现逆反心理。实际上，逆反心理是每个人都有的，是与生俱来的，这种心理是人们为了维护自己的立场，对对方的要求采取相反的态度和言行的一种心理状态。在物理学中有这样一个阐述：每个作用力都存在一个与之大小相等、方向相反的作用力。实际上，这种表述也适合于逆反心理。

　　可以这样说：顾客就是销售过程中和销售人员的力相反的力。顾客也是普通人，也同样会产生逆反心理，越是难得到的东西就越想得到，越是难知道的事情就越想知道，越是难以发生的事情就越想它马上发生。

　　而在销售中，销售人员越是极力推荐一种商品，顾客反而有很高的警惕性，销售人员越是热情和认真，顾客反而会越想离开。销售人员如果能把握好顾客的这种心理，就能在销售中赢得很多可能原本注定要失去的生意。这也就是欲擒故纵法。

　　早在1993年的时候，就有厂家学会利用顾客的逆反心理进行促销。当时，全国洗涤化妆用品交易会在南京举行，各厂家纷纷聘请公关小姐、模特，甚至聘用乐队展开促销，而某牙刷用品厂则聘请了一位身体健康、慈眉善目的老太太做公关。这一招反而吸引来比别的厂家更多的眼球，一个下午就成交了上百万的订单。

　　这就是很好地利用了人们的逆反心理，看惯了漂亮的模特做展示，突然出现一位老太太，好奇心促使人们对这家厂商和其生产的商品有更多的关注。可见，顾客普遍都存在逆反心理，而和逆反心理相伴随的就是好奇心理，正确利用顾客的逆反心理，通常能在促销活动中出奇制胜，

这样说顾客才会听，这样做顾客才会买

不会耗费销售人员过多精力和代价，就能在业绩上有很大作为，何乐而不为呢？看下面两则事例：

美国有一个叫何力的店主，故意在自家的饭店门上挂一个自贬词意的招牌，这个招牌是"糟糕饭店"。经营了一段时间后，何力觉得还不上瘾，索性在大门两侧竖起大广告牌："请跟苍蝇同坐""菜式难看，服务更差"。然而，开业10多年来，他的经营范围不断扩大，营业额直线上升。实际上就是利用"自贬"的方法，让顾客产生逆反心理，引起对方的好奇心，店里的生意自然就好了。

莫奈在一家汽车公司做销售员，一天一位先生来看车，莫奈在得知对方原来的车用了很多年，很多汽车销售员都曾上门推销过车子，但是他都没有接受。莫奈在大脑中迅速运转：他没有接受别人的上门推销，一定是对他们的服务不够满意，毕竟现在的汽车市场差别不大；一定是有什么地方惹怒了他，他才不和别的销售员做生意。

莫奈试探地问："先生，那么多销售员的上门推销您都没有接受，相信对您的老车有很深的感情，想必要再用上一年半载才会换车吧。要么就是您的老车还好好的，现在换车未免太可惜了些。其实要是这样的话，您可以记下我的电话，有什么需要的话直接打电话给我，我可以上门为您服务的。"

这位顾客一听，觉得莫奈反而比较值得信赖，坦白说："其实，上门推销的那些人一门心思只想把他们的车卖给我，没有一个问过我为什么换车，也没有人关心过我是不是真的该换车。其实我本身是真打算换一辆车的，这样，你先把几个车的资料拿给我看看，然后我再看实车，没有什么意外，我就在你这里订车了。"

就这样，莫奈又拿到了一个订单。其实，大多数的销售员不明白顾客的逆反心理，你越是极力推销的东西，遭到拒绝的可能性越大。莫奈从反面出发，并不滔滔不绝地介绍产品，利用顾客的逆反心理和伴随的

第十章 玩套路，让顾客听从你的引导

好奇心，让对方主动提出购买。

作为销售人员，一旦发现顾客有了这种心理苗头，不妨就欲擒故纵，利用人的天性总是想得到不容易得到的东西，反其道而行之，从相反的方向刺激顾客、激发顾客，引导顾客主动向自己伸出橄榄枝。

借助环境的威慑力让顾客就范

产品销售总是在一定的场所和空间内完成的,这也就是所谓的购物环境。如果能够利用购物环境的威慑力,让顾客主动就范,就能省去很多工夫。

大多数时候,顾客购买商品都有一个犹豫的过程,这个过程太长,很可能生意就泡汤了。如果你是一名店面销售员,就需要想办法在店面环境上下工夫,让店面的环境成为你成交的"助手"。促销的手段是哪个商家都会用的,但是促销和促销的结果却是不同的。在店里挂上这样的促销标语,更能"逼迫"顾客下定决心——"仅此一次,以后再无""最后一天特价销售",这样的标语会给顾客带去紧张感,让他们觉得这次不抓住机会购买就再也没有机会了。类似的环境营造方法还有很多,只要销售人员能在推销的过程中利用周围的客观环境,促使交易向前推进,那么这个方法就是可取的。

还有几天就是情人节了,销售员晓晓并没有意识到这一点,和往常一样,带着化妆品上门向顾客推销。接待她的是家里的男主人,可是对方并没有把她让到客厅的意思,晓晓简单介绍了产品,他似乎也没什么兴趣,但是既不说买,也不说不买。

晓晓很着急,鼓动了好几次,对方才不好意思地说:"我太太不在家,我不好做主帮她买化妆品的。"

晓晓意识到这单生意很有可能做不成,忽然,她看到街边花店的牌子写着"送给情人的礼物——红玫瑰",才意识到还有几天就是情人节了,

第十章 玩套路，让顾客听从你的引导

于是灵机一动对男顾客说："先生，您看外面的鲜花店都在做红玫瑰的广告了，您这么在乎妻子的意见，一定很爱您的妻子吧？情人节到了，化妆品对于女人来说是一份不错的礼物，如果您能送一套给您的太太，我想她一定很高兴。"

这时，男主人也探出头来看街边，果然鲜花店都在促销玫瑰，意识到情人节需要送礼物给太太。晓晓抓住时机赶紧接着说："情人节每个女人都希望能收到一份礼物，相信您太太也不例外。而每位先生都希望自己的太太是最漂亮的，我想您也不例外吧？"

果然，这位先生笑着问化妆品多少钱，晓晓很快推销出去一套很贵的化妆品。

晓晓十分巧妙地运用了情人节的特殊环境，让男顾客认为不得不需要购买一套化妆品作为礼物送给太太。这就是环境的力量。

本来，顾客并不会轻易就对销售员的说辞就范，但是加之环境的作用力就不同了。销售员需要做的就是为顾客营造一种冲动的环境，营造一种需求，让环境帮助顾客做决定。

琳娜经营一家服装店，自从改变了店面的环境后，她的生意越来越好做了。原来，琳娜的服装店生意并不好，很多顾客看上服装后并不会马上购买，而考虑之后的结果多半就是不买了。

琳娜冥思苦想，终于想出一个办法。她请朋友帮忙为每件服装写了评语，将这些评语贴在店里新开辟的"交流墙"上。一旦顾客看上某款服装，又犹豫不决的时候，琳娜就会领顾客去交流墙看有关商品的评价。这些评价好比给顾客吃了一颗"定心丸"，不少顾客在看过商品评价后选择了购买产品。

琳娜通过改变店面的环境，让虚拟的"顾客"为实际的顾客出主意，顾客在"前辈"的影响下做出购买的决定，是环境的力量改变了顾客的想法和行动。

这样说顾客才会听,
**　　这样做顾客才会买**

　　顾客并不是盲目地就跟随销售员的说辞走,而是有主见的个体,但是每个人都会受到周围环境的影响,特别是面临选择的顾客,更容易受到环境的左右。销售人员如果能够通过改变或者利用周围环境为顾客创造购物需要的话,一定程度上就可以左右顾客的情绪,让顾客不由自主地喜欢上自己的产品和服务。

第十章 玩套路，让顾客听从你的引导

销售套路多，总有一种适合你

看下面这则小故事：

美国有兄弟俩经营着一家不太起眼的铺子，为改变不景气的现状，哥哥出了个主意。再来顾客的时候，哥哥一般在里屋不露面，弟弟在外负责接待。

当顾客挑选货物询价时，弟弟都装作不知货物价格大声向里屋发问："X型男士皮鞋多少钱一双？""十八英镑。"哥哥在屋里回答。弟弟装作耳朵有毛病，又问哥哥："X型男士皮鞋多少钱一双？""十八英镑。"哥哥又回答道。

这时弟弟对顾客说："哦，十五英镑。"听到里屋报价的顾客感觉有便宜可占，立刻付钱拿货走人，可是他哪里知道X型皮鞋价格就是十五英镑。通过这样的设计，兄弟俩的小店每天顾客盈门，其中多数顾客都是抱着占便宜的心理前来的。

一个简单的套路就让小店起死回生，生意兴隆，可见兄弟俩的套路玩得很高明。

销售玩套路是十分正常的事，销售本来打的就是心理战，可是要清楚，销售中没有单一的套路能够打遍天下，都是这种套路不行，马上换另外一种套路，不管你是哪种性格的销售员，你会发现，总有一种套路适合你。

下面是销售常用的10个套路，用心揣摩，定会有所收获。

1. 单刀直入法

讲解完产品后，感觉顾客有明确的购买意向，可使用直接要求法，但要避免操之过急。"康总，既然您没有其他意见，那我们现在就签单吧。"

当提出成交的要求后，就要保持缄默，默默等候顾客的反应，切忌再说任何一句话，因为你的一句话很可能会立刻引开顾客的注意力，使成交功亏一篑。

2. 利益成交法

先不用盲目去介绍产品，可总结顾客的需求所在，思考自己可以给顾客带来哪些便利之处，然后再将顾客购买产品或者服务所带来的实际利益都展示在顾客面前，以利益触动顾客的内心，促使顾客最终达成协议。

3. 优惠成交法

指销售人员通过提供优惠的条件促使顾客立即购买的一种方法。属于商家常用的方法。在使用这些优惠措施时，需要特别注意下面三点：

①让顾客感觉你的优惠只针对他一个人，使其产生一种占便宜和尊贵的体验。

②不要随便给予优惠，要不然顾客会提出更进一步的要求，直到你不能接受的底线。

③表现出自己的权力有限，需要向上面请示："真是不好意思，依我的管理权限，我只能给你这个价格。"然后再话锋一转，"不过，由于您是我们的老主顾，我可以向经理请示一下，给你些额外的优惠。"这样，交易十有八九就达成了。

4. 二选一法

可为顾客提供两种解决问题的方案，无论顾客选择A，还是选择B，都是我们想要达成的一种结果。运用这种方法，就巧妙地避开了"要还是不要"的问题。例如："您选择A款，还是B款？""您是刷卡还是用现金？"

5. 激将法

激将法是利用某些顾客好奇、不服输的心理而促其做出购买的行为。在激将对方时，销售人员的神情应平静、自然，以免对方看出你在"激"他。

第十章 玩套路，让顾客听从你的引导

6. 预先框式法

在顾客提出要求之前，销售人员要先为顾客确定好结果，同时对顾客进行认同和赞赏，迫使顾客按自己的说法去做，如："我们这款风衣是专为那些有气质、身材苗条的职场女士打造的，会让那些职业丽人更加光彩照人，也更加自信，我看您，肯定就属于这样的职场精英。"这样一说，多数的顾客都不会反驳自己不是那样的人，自然交易就容易达成了。

7. 从众成交法

就是利用人们的从众心理，诱使顾客做出购买行为。一个顾客看中了一台洗衣机，却没有想好买不买。销售人员说："您目光如炬，这是目前最为热销的一款，平均每天要销一百多台，旺季还要预订才能买到现货。"顾客一听有这么多人购买，所以很爽快地签了单。

8. 因小失大法

就是告诉顾客没有购买本产品或者服务是一个因小失大的错误，通过这种"威胁"和压力，刺激和迫使顾客成交。比如说："如果你不接受这套课程培训，你将无法应付即将到来的艺术考试。"这样的例子，让顾客面临着两种选择，一种是可以得到潜在的利益，而另一种却暗示着很大的风险。

9. 惜时成交法

多数人都有一种"怕买不到"的心理。对愈是得不到、买不到的东西，就越是想得到它。正所谓机不可失失不再来，一旦顾客意识到购买这种产品是很难得的良机，那么，他们往往会立即采取行动。这就是惜时成交法。

通常可以从这几方面去做：

①限数量，比如打出"数量有限，欲购从速"的字样，促使顾客购买。
②限时间，主要是在限定的时间段内才能享受活动优惠。
③限服务，主要是在指定的数量或者时间内才能享受匹配的服务。
④限价格，主要是针对要涨价的商品。

10. 步步紧逼成交法

很多顾客在面临成交的时候，往往会放弃，或者往后拖延。他们会说："我再好好琢磨琢磨""我们商量商量""过一段时间再说吧"。这时，可以先赞同他们：

"买东西考虑好是必须的，我支持您的慎重。您花时间关注这个产品，说明您对它很有兴趣，是这样吧？"然后，再紧逼一句："能告诉我，您要考虑的是什么，是我公司的售后服务吗？还是对我的介绍不清楚？"

不断发问，最后让对方说出他所担心的问题。这时，你只要能解决对方的疑问，成交也就水到渠成了。

第十一章 SALE
重承诺,有好产品更要有好服务

第十一章　重承诺，有好产品更要有好服务

为服务"打包"，胜过为产品"打包"

有许多做推销工作的人员，干的时间不长就很狼狈地走人了，为什么呢？因为他们缺乏长远的眼光，他们在一次推销成交之后就以为推销活动也就结束了，但顾客显然不这么认为。顾客不喜欢那种"恭维他们给他们各种承诺，然后遗忘他们"玩一锤子买卖的推销员。交易完成之后，推销员对顾客又恢复了像一个陌生人的感觉，这只会引起顾客不满。

顾客在购买产品后的使用过程中，同样会对产品的有关问题提出意见，对此推销员应给予足够的重视。那种"货已出门，概不退换"的做法既损害了顾客的利益，同时也损害了企业的形象，也断送了自己的推销生涯。

在推销活动中，顾客对推销服务的不满大致有以下原因：推销前未能向顾客提供足够的企业信息和产品信息；推销中的服务内容、服务质量不能令顾客满意，例如，没有及时提供样品、说明书及耐心细致的产品演示等；推销后的服务中，如顾客所需的信息、运输、安装、调试、指导使用、维修以及技术培训等，未能及时跟上，甚至毫无保证。

推销服务是整个推销活动中不可或缺的、极其重要的组成部分。在购买商品时得到热情周到的服务是顾客的普遍心理，所以推销服务具有重要而深远的意义。一个推销员在直接或间接地提供服务时，它的质量高低，不仅关系到是否能做成一笔买卖，而且关系到整个企业的信誉。

推销员的低劣服务，往往会导致顾客不满，从而使企业丧失利润，而且更重要的是使企业丧失了市场竞争能力，给企业带来巨大的损失。

那么，怎样才能让推销服务为自己争取订单呢？为顾客的服务"打包"

是一个有效手段。

这需要在销售工作中制定出一套详细的服务标准,以此来促进员工对顾客进行规范化、标准化服务。制定服务标准应从顾客的需求出发,以优质服务为准则,准则应尽量具体,以便员工执行。

海尔的"12345"法则:1个证件,上门服务要出示上岗证;2个公开,公开统一收费标准并按标准收费,公开出示维修或安装记录单并在履行完毕后请顾客签署意见;3个到位,服务后清理现场到位,通电试机演示到位,向顾客讲明使用知识到位;4个不准,不准喝顾客的水,不准抽顾客的烟,不准吃顾客的饭,不准要顾客的礼品;5个一,递一张名片,穿一双拖鞋,自带一块垫布,自带一块抹布,赠送一件小礼品。

服务标准必须让员工理解并接受,这样更便于执行和落实。因此,商家可以发动员工参与制定服务标准,这样可以获得员工的支持和理解。

一般认为,评价服务质量主要有以下标准:

1. 可行性

服务标准要既切实可行又有挑战性。如果商家制定的服务标准太高,员工无法达到,员工就会产生不满情绪;如果标准过低,又无法促使员工提高服务质量。既切实可行又有挑战性的质量标准,方能激励员工努力做好服务工作。

2. 感知性

指商家为顾客提供的各种设施、设备,及服务人员的仪表等,通过这些真实、可见的部分来使顾客感受到服务的实质。这些有形的展示会直接影响到顾客对服务质量的感知。

3. 可靠性

可靠性指商家应兑现自己所承诺的服务。在服务过程中,尽可能避免发生失误,应以优质的服务获得顾客认可。

4. 保证性

主要指服务人员的友好态度与胜任能力。服务人员较高的知识技能和良好的服务态度,能增强顾客对服务质量的信任度和安全感。在服务产品不断推陈出新的今天,顾客同知识渊博而又友好和善的服务人员打

第十一章　重承诺，有好产品更要有好服务

交道，无疑会产生更多的信任感。

5.移情性

指商家和服务人员能设身处地为顾客着想，努力满足顾客的要求。这就要求服务人员有一种投入的精神，想顾客之所想，急顾客之所需，对顾客的需求千方百计地予以满足，给予顾客充分的关心和体贴，使服务过程充满人情味。

为服务打包，会有力地促进顾客对产品的认同感，增强顾客对产品的情感，直接地促进产品销售。所以一定要做好为顾客服务的"打包"工作，从这个角度上讲，为服务"打包"胜过为产品"打包"。

这样**说**顾客才会听,
　　这样**做**顾客才会买

利用"真实保障"把顾客留住

　　销售工作中,推销人员常常会犯这样的毛病:即在销售前后表现出不同的服务态度,在顾客购买产品之前,对顾客万分殷勤,但在对方交钱后就非常冷淡,对顾客的承诺和服务也拖拖拉拉,敷衍塞责。因此,常有顾客在购买的时候就产生了疑虑:"你们能做到售后服务上的保证吗?"

　　面对这种情况,如果销售人员不积极主动地向顾客保证,让顾客消除购买的后顾之忧,那么就会前功尽弃。要知道,顾客得不到绝对的安全感,是不会购买的。

　　小关应聘到某电器销售公司,在商场的电器专柜做促销。

　　五一到了,商场的生意很红火,其他销售员都忙得不可开交,可是小关忙了一上午还没开张,原因也很简单,就是不论她怎么说,顾客总是问几个简单的问题,就走开了。直到下午,公司销售主管来商场专柜指导销售工作,小关的销售经过他都看在了眼里。

　　过了一会儿,有一位顾客前来问小关:"我想买一个电饭煲,可听说你们店的电器一直以来名声都不是很好,是因为你们的售后服务很差,是真的吗?"

　　"不是,您误会了……"

　　"误会?那你有什么好的证据吗?"

　　"这,这……"小关一时语塞不知道怎么回答了。面对一问三不知的小关,顾客明显很不高兴,转身要走。这时,销售主管走过来解围说:

第十一章 重承诺，有好产品更要有好服务

"不好意思，她刚来，我来回答你的问题吧。"

销售主管针对顾客担心的售后问题做了相应的承诺，并拿出了顾客意见反馈表，证明顾客的担心是多余的。最终，他当着顾客的面填写了保修单，顾客打消了心中的顾虑，购买了商品，高高兴兴地走了。

可见，实际销售过程中，我们发现，很多顾客都存在和案例中的顾客一样的顾虑，那就是担心产品的售后问题，甚至有些顾客把售后问题是否完善当成决定他们是否购买的决定性因素。因此，如果我们不能给足顾客绝对的售后保障，顾客是不会购买的。而相反，如果我们能在与顾客的沟通中，让顾客消费得放心，消费得舒心，也就满足了顾客的心理安全的需要，那么顾客没有理由不和我们合作。

当顾客担心售后问题时，销售人员可以向顾客展示全面的保障举措：

1. 以专业素质说服顾客

一般来说，顾客如果对产品本身比较满意，只是担心售后问题，就会从专业的角度询问销售人员。因为对产品的售后保障问题是否熟知，是销售人员专业知识中的一部分。如果销售人员专业性不够，回答让顾客不满意，顾客自然就会心存戒备。所以，如果销售人员想要从心理上赢得顾客，就要加强专业知识的学习，在顾客面前要显得更加专业。

除此之外，销售人员要注重个人形象的打扮，树立良好的外在形象，让顾客从里到外都感觉你是专业的销售服务人员。顾客对销售人员认可基本上就是对产品的认可，自然也会相信销售人员关于产品售后问题的回答。

2. 告诉顾客产品的正确用法

有时候，顾客在使用产品的过程中出现问题，原因并不在于产品本身，而是使用不当，造成顾客对产品的误会。如果在顾客购买产品前，销售人员就能告诉顾客产品正确的使用方法并提醒他们注意事项。那么，顾客就会觉得销售人员很负责任，能感受到销售人员在真心实意地关心着他的安全，那么顾客就会对销售人员的善意给予回报，合作也就是水到渠成的事情。

3. 为顾客提供具有实际意义的承诺

①质量保修承诺

比如，销售人员可以告诉顾客："我公司对电热膜产品存在的质量问题十年内实行免费维修、更换""十年后对电热膜系统实行有偿维修、更换，价格按当时市场价格。对人工费实行优惠减免""我公司对温控器产品存在的问题，两年内实行免费维修、更换"

②服务承诺

比如，销售人员可以告诉顾客："我公司拥有一批专业的地暖高级技术人员和完善的电热膜供暖系统检测设备。设有专门的技术部门指导电热膜供暖系统的安装，拥有一支经过严格训练的安装队伍，为用户提供一流的安装服务并实行售后跟踪服务。"

一般来说，可以从这几个方面保证产品的售后服务：

定期回访：由专门的售后服务工程师根据公司制定的售后服务计划，定期回访顾客。

定期维护：售后服务工程师将根据公司制定的售后服务计划，定期对产品进行维护。

及时回复：接到用户的报修通知后，我公司的售后服务工程师将在最短的时间内到达现场，并保证在最短的时间内使用户恢复使用。

所以，作为销售人员，让顾客买得放心、给足顾客售后保障是赢得顾客的信任、完成销售的前提。做好了这一点，才可能招来顾客的关注和信任，也才能提高业绩。

承诺要及时,不要让煮熟的鸭子飞了

在购买中,有些顾客表现出对购买的疑虑,是因为害怕承担购买产品或服务的风险。如果销售人员能提供一份可靠的承诺,使顾客的购买行为变得毫无风险,或者至少能够最大限度地降低风险,就会大大消除顾客的疑虑。

当然,提供任何产品和服务都是有风险的,这一点可以理解。但是通过陈述并且宣传你的保证和承诺,你商业前景上的风险就会减弱,并且大大提高潜在顾客对你的信任,加强他们购买的意愿,并最终促使顾客和你成交。

销售员宋俞向某公司推销软件系统,他在与该公司的负责人商谈时,就适当地运用了承诺,结果签下了一笔大订单。

这家公司的软件系统时常出毛病,严重地影响了公司的工作效率。经过研究,该公司决定投入大笔资金,全面更新公司的软件系统。

小宋获得这个消息后,就前来洽谈这一笔生意。通过努力,这一公司的相关负责人对小宋推销的软件系统终于有了一点意向。但是,鉴于以前购买的软件系统质量不高,经理迟迟不肯签单,希望能另外找到质量和性能更可靠、价格更优惠的软件系统。

面对这种情况,小宋向经理保证:"如果贵公司采用了我们的软件我抽时间亲自给你免费送货,免费安装,全程安装都由我亲自监督,等你验收!假如在运行当中因我提供的软件有问题,我承诺:除了软件不要钱外,还包赔因此而带来的一切缺失。"

**这样说顾客才会听，
这样做顾客才会买**

该公司经理看到小宋的态度如此自信坚定，想了一会儿，说："好，那就试试吧！"

于是，小宋顺利地与该公司做成了这笔交易。

在销售过程中，每当顾客遇到产品的单价过高、总额比较大、风险比较大、对此种产品并不是十分了解、对其特性质量也没有把握时，产生心理障碍或成交时犹豫不决的现象是非常正常的。对此，销售员应该及时向顾客做出承诺，提出保证，增强顾客的信心，促使顾客签单。

在上面的实例中，那家公司要更换软件系统，由于数额较大，而且对软件的信心不足，因此该公司负责人在签单前显得犹豫不决。此时，销售员如果不能进一步地承诺，做出坚决的保证，恐怕订单就拿不到手。

向顾客承诺的最大优点就在于能够增强说服力，尤其是当销售员信誓旦旦地保证或者承诺顾客可以实现什么利益时，顾客往往能够迅速达成交易。但是，销售员在使用这种方法时，也需要注意一些问题。

1. 承诺必须依据能力来进行

这是非常重要的一点。试想，一个手机销售员向顾客承诺，购买这款手机一个月内出现问题，以十倍价格赔偿，肯定是没有人相信的。事实是承诺的依据，这里所指的事实既指顾客所需要承诺的事实。又指产品本身和企业本身的事实。销售员千万不要做出无法兑现的承诺，否则就是坑蒙拐骗，毫无信誉可言；在这种情况下，销售员要想利用承诺的方法促成订单，不仅不能促成顾客迅速签单，反而会导致顾客的不信任。

2. 要看准顾客的成交心理障碍

在销售过程中，销售员只有看准顾客的成交心理障碍，针对顾客所担心的几个主要问题直接做出承诺，提供保证，才能够有效地消除顾客的后顾之忧，增强顾客成交的信心，促使顾客下决心签单。否则，如果不知道顾客的成交心理障碍所在，那么很容易做出不利于自身的保证和承诺。

美国有一个销售员向日本人推销产品，日本人慢条斯理地将该销售

第十一章　重承诺，有好产品更要有好服务

员提出的优惠条件重复了一遍。该销售员以为顾客仍然没有下决心购买产品，于是便进一步承诺将产品的服务保修期延长到10年，日本人不动声色地接受了这一保证。这个销售员就是没有把准顾客的心理，自作聪明，错将顾客的习惯行为当作了异议，结果做出了不利于自己的产品承诺。这大大地增加了销售的成本，为后来的销售带来了不少麻烦。

即使销售员有实现承诺的能力，但是过度的承诺仍然会使自己承担过于繁重的义务，不利于以后销售工作的展开。因此，销售员在利用这种方法说服顾客签单时，一定不能过度承诺，而需要有理、有利、有节地承诺。

提供附加服务,让顾客愉快签单

人们的需求层次在不断变化和提升,人们的普遍需求随着社会的不断进步而呈"金字塔"式发展。现代的消费者已远远不再局限于商品物质层次的需求。新的竞争不是发生在各个厂家生产什么商品,而是发生在商品能提供何种附加利益。而这种附加利益的核心就是赢得消费者"忠心"的服务,商品的诞生就意味着服务的开始。

商品为王的时代即将结束,服务制胜正在趋向市场发展的前端,一旦商品最终形成,商品价值的本身就达到了极限。而伴随商品开始的服务便承载巨大的无形的价值。在享受商品价值的同时,更要体验服务的价值,这已经成为消费者购买商品的普遍意识。所以,基于商品之服务的提升已被置于服务营销的天平之上,服务再次体现了商品营销的真正的外延价值。在这种背景下,一名合格的销售员不但要推销产品,还要提供商品的附加服务。

实际上,这种改变早在多年前就已经出现了,且渐成趋势。

从米店小老板到塑胶大王的台湾首富王永庆,家族几代人都以种茶为生,只能勉强糊口。十几岁的时候,王永庆做出了人生中第一个重要决定,开米店自己当老板,启动资金则是父亲向别人借的 200 元钱。

王永庆为了消除顾客的购买障碍苦苦思索,忽然灵机一动,心想我何不主动送货上门呢?果然这一方便顾客的服务措施,大受欢迎,由此王永庆米店的影响力越来越大。

当地居民大多数家庭都以打工为生,生活并不富裕,由于王永庆是

第十一章　重承诺，有好产品更要有好服务

主动送货上门的，要货到收款，有时碰上顾客手头紧，一时拿不出钱的，会弄得大家很尴尬。为解决这一问题，王永庆采取按时送米，不即时收钱，约定发薪之日再上门收钱的办法，极大地方便了顾客。

起初王永庆的米店一天卖米不到 12 斗，后来一天能卖 100 多斗。几年下来，米店生意越来越火，在此基础上，王永庆筹办了一家碾米厂，完成了个人资本的原始积累。

服务的附加价值就是指向顾客提供应该的服务之外，不需要顾客花钱的那部分服务。

在一个充满竞争的商海中，优质服务是必要的，但仅此也是不够的。新的竞争对手促使我们必须采取更好的措施去提高我们的服务质量，即服务再上新台阶，只有这样，商家才能在商战中不断取得胜利。

不同顾客对附加服务的需求也不同，对于与商家建立深层次合作关系的顾客来说，顾客还希望能够比其他顾客多得到一些增值服务。而顾客附加增值服务需求的满足程度，对顾客满意度和忠诚度有着巨大影响。

要想使顾客在交易完成后对你的商品保持尽可能长时间的青睐，那么商家首先应该尽可能地让顾客感受到使用和享受商品的种种方便。最基本的工作是为顾客提供售后服务，指导顾客使用商品，介绍某些操作技巧等。

要想让顾客对商品的体验更深刻、更愉快，当然不是仅仅做到以上基本工作就可以了。那些精明的商家几乎都费尽心机地为顾客提供更优质的服务，其目的就是让顾客更加忠诚，以使他们追随自己，而不是排斥和厌恶被推销商品。

如果顾客满意这种额外的服务，如果商家提供的服务确实可以极大地方便顾客，而其他竞争对手却做不到这些，那顾客就会产生非常愉快的体验，从而主动成为商家的忠诚顾客，而且还会介绍更多的新顾客前来。

建立顾客忠诚度和管理某个商品的销量一样，是一个持续的过程，每个商品都有其生命周期曲线，在经历了相对缓慢的引入期、快速增长的成长期和稳定的成熟期以后，每个商品都会经历一个下降的衰退期。

在衰退期，商品将面临日渐放缓的增长速度，甚至是负增长以及日渐萎缩的市场份额。为了保持该商品的市场份额，商家只能不断投资。而建立顾客忠诚度也是这样，为了保持消费者的忠诚度，商家只能不断地为消费者提供额外的附加服务。作为一名销售员，心中一定要有这种服务至上的意识，只有有了这种意识，才能真正服务好顾客，进而提高业绩。

第十一章　重承诺，有好产品更要有好服务

提高服务品质，打造"粉丝用户"

就像世界上没有十全十美的人一样，也没有完美无缺的产品。因此，产品的销售服务是必不可少的，保证让顾客购买的是产品，保证顾客成为铁杆，甚至粉丝用户的是服务。

曾有一家计算机公司的销售代表接到一个重要顾客的总工程师的电话，说其总部的电脑出了问题，让销售代表尽快解决。这个总工程师是一个非常重要顾客的采购设备的决策人。年轻有为，他很少与厂家打交道，这次主动打电话说明问题一定是很严重的。销售代表答应顾客第二天上午十点以前去见总工。

时间已经是下午五点了，销售代表立即打电话到顾客服务中心要来顾客的服务记录，发现顾客已经从其总部投诉过来了，而且公司已经上门进行了维修。第一次没有解决问题之后，公司又从合作单位请了一名专家来到顾客现场，维修工程师判断是顾客的电脑需要升级。顾客并不同意维修工程师的观点，因为以前采购的电脑配置更低也没有问题。销售代表也判断不出原因到底在哪里，但是维修工程师告诉销售代表只要顾客肯升级内存，问题就一定可以解决。销售代表又打电话到顾客那里，询问了情况。销售代表与相关的人约好第二天十点三十分举行一个电话会议。

销售代表将维修记录都准备好、计算好需要升级的费用之后才离开

了公司。第二天，销售代表准时来到顾客的办公室。

总工刚介绍完情况，销售代表就将维修记录拿了出来，并简单介绍了己方的观点以及与分部之间的分歧。接着，销售代表与顾客服务中心的维修工程师、顾客一起通过电话讨论了情况。顾客服务中心的工程师与顾客之间对于谁应该承担责任还是存在分歧，但是顾客服务中心承诺：只要升级内存，问题就一定可以解决。总工一直仔细地听着，几乎没有插话。电话会议一结束，他就向销售代表询问升级的费用，销售代表拿出准备好的报价递给他。总工扫了一眼数字，简单确认了一下，立即表示他们愿意即刻升级电脑。

后来，顾客告诉销售代表："出问题是难免的，而且有时很难搞清楚原因和责任。本来我是请你来讨论维修问题的，没想到你已经将问题搞清楚了。我看到你们很认真而且效率很高，态度可嘉。因此我就很痛快地同意支付升级费用了。而且升级费用非常合理和公道。"顾客对这家公司的服务赞不绝口，后来一直在使用他们的电脑。

一般而言，销售时除了销售的产品以外，服务态度与专业能力是最重要的。现代社会越来越讲究服务品质，所以在相互竞争中，除了商品价格的竞争以外，就是贴心的服务了。更多更好的售后服务，不仅会增加顾客对产品的信心，还会吸引顾客第二次消费与主动推荐。所以说，在销售中，具备完整而热诚的服务品质是业务拓展最重要的一环。

有些销售人员对顾客服务工作存有这样一种错误的观念：我的工作是说服顾客签署订单，为顾客提供服务的工作应该由专门的顾客接待人员或者售后服务人员来承担。

之所以说这种观念是错误的，是因为随着经济的发展和社会的进步，现在的消费者要比过去的消费者更加精明和理智，在购买过程中获得更优质的服务已经成为他们的迫切需要。更何况，竞争形势也在日趋激烈，

第十一章　重承诺，有好产品更要有好服务

如果你不能为顾客提供更优质的服务，顾客就不会感到满意，从而导致你的销售以失败告终。

可以这么说，如果销售人员在销售产品或服务的过程中忽视顾客服务的作用，顾客在购买过程中感受不到除了产品或服务本身作用之外的任何价值，那么一旦竞争对手提供更好的服务时，顾客马上就会把目光投向竞争对手。而继续开发新顾客需要花更多的时间和精力，最终，你将因此而遭受成倍的损失。

那么如何留住顾客，并让顾客第二次再来消费呢？下面这个案例可能会给大家一个启示：

甘道夫是全球唯一一位年销售额超过10亿美元的人寿保险代理。他刚开始从事保险时就曾暗暗发誓，一次成交，终生服务，他每年都要跟踪拜访所有顾客一次，他确实也这么做了。

有一位大学生从他那里买了1万美元的人寿保险，后来毕业当了兵，甘道夫又卖给他1万美元的保险。后来他去了佛罗里达，在州参议院任侍从。甘道夫仍然坚持一年至少跟他联系一次。

有一次，在州参议员的家庭鸡尾酒会上，一位客人惊厥病发作。这位侍从曾受过心脏复苏训练，救了他的命。而这位病人又恰巧是全美首富之一。出于感谢，这位商人邀请这位大学生加盟他的公司。过了几年，这位商人打算借一大笔钱投资房地产。这位侍从马上拨通甘道夫的电话说："甘道夫，我知道你的保险业做得很大，能帮我老板一个忙吗？"

"什么事"？甘道夫问。

"他要贷款2000万搞一个房地产项目，你能否帮他与你的顾客搭个桥？"

"可以。"甘道夫回答。

不久，甘道夫设法帮商人贷到了款。商人为感谢甘道夫，邀他到自

己的游艇上去做客，做客的时候，甘道夫卖给商人2000万美元的保险。

  总之，使销售业绩得以攀升和持续的关键是售后的服务，后者才会永久地吸引顾客。你的生意做得越大，你就要越关心顾客。在品尝了成功的甜蜜后，最快陷入困境的方法就是忽视售后服务。销售，只有起点，没有终点，是一个连续的活动过程。成交并非万事大吉，而是下次销售活动的开始。在成交之后，销售员要向顾客提供服务，以努力维持和吸引顾客。

第十二章 SALE
送优惠,顾客省钱你才能赚钱

第十二章　送优惠，顾客省钱你才能赚钱

帮助顾客把钱花在刀刃上

资历深一些的推销员都知道，顾客的层次是不同的，如何把货卖给收入低一些的顾客是有难度的，因其收入有限。因此，他们花钱很谨慎，不会轻易掏腰包。面对这类顾客，和他们谈论价格时，首先要让他们觉得钱花得物有所值他们才会接受。

一般来说，这类顾客比较节俭，是较为保守的一类。他们可能经历过较为贫穷的生活，深知钱赚的不易，所以即使后来生活条件改善了，也很难改变原有的习惯。他们视节俭为美德，对不节俭的人的许多习惯反倒看不惯。面对这类顾客，一定要先站在对方的立场上，告诉对方产品的价值所在，并帮助对方分析以你给出的价格购买这样的产品物有所值，他会听你的。

闫峰是一家家庭装修公司的老板，在经营中，他一直秉承的销售理念是让顾客把钱花在刀刃上。

一天，一位顾客想让他帮忙参谋如何装修、选材。闫峰直言不讳："对于家庭装修来说，一般的主材要买好的，不能省钱；厨房厕所里的用具也要买好的，浴室里的东西不能买便宜的；做防水的材料尤其要买好的，因为防水材料不过关，就算做得再好，也保证不了不出现问题，而且，一旦出现漏水现象，想要解决也会很难，比当初做防水花的钱还要多。在这些方面，我们公司用的都是质量过关的产品。虽然价格有些高，但是绝对物有所值。在进购建材时，我都要亲自把关，价格贵一些没关系，但是必须要保证质量。这方面您可以放心。"

这样说顾客才会听，这样做顾客才会买

顾客有点不相信。闫峰接着说："电也是一样。电线和附材要买好的，一旦出了问题，不但更换很麻烦的，还可能很危险。因此，水电材料最关键，这些地方不能图省钱留后患。"

这位顾客解释说："可我想把房间装饰得好一点，我想使用最好的材料。"

闫峰告诉他说："我倒觉得这方面可以省一点儿，毕竟房间的墙面、窗帘、家具等，过几年你不喜欢了可以换新的，这很容易。但是，厕所、厨房里的东西都比较贵，坏了再买，那可不是花小钱的事，而且要重新安装，很麻烦的。"

顾客听了闫峰的建议，非常开心，因为他们的日子过得非常节俭，找了几家公司，都胡乱给他们设计，顾客觉得不实在，他是抱着试试看的态度来找闫峰的。没想到真找对人了，闫峰帮了他这么大的忙！所以当闫峰报出房子装修的价格时，顾客立即同意了。

一般情况下，顾客装修房子都是要价格便宜又质量好的，这样的心情是可以理解的，但是价格太低是做不好的。其实，最好的办法是该花钱的地方要花，不该花钱的地方可以少花。这样不仅可以保证质量，也可以节省一笔费用，把钱花在刀刃上。而事例中的闫峰所说的每一句话都是在为顾客着想，帮助顾客省钱，把顾客的钱用在最关键的地方，这就打动了顾客，因此顾客便把装修的工程包给了闫峰。

由此可见，为顾客省钱，才能为自己挣钱。想要成为出色的销售员，就不妨多替顾客着想，让顾客感觉他们的钱的确花在刀刃上，他们才会心甘情愿地购买你的产品。

第十二章　送优惠，顾客省钱你才能赚钱

保证让顾客得到"切实利益"

　　推销员向用户推销产品的过程，也是买卖双方进行判断和认同的过程，如果不能实现买卖双方的共赢，那么成交就很难实现。只有双方都得到了应有利益的满足，交易才能实现。因为你的顾客与你同样精明，如果你只是把自己的利益放在眼前，置对方于不顾，那么，你往往以失败告终。只有让对方获利了，自己才会赚钱，这是买卖的即定的法则。

　　小宋是一家电子配件公司的销售员。一天，他如约拜访了一位顾客，与其洽谈购买事宜。经过一番洽谈，顾客表示："我和你们公司还是第一次接触，不知道你们的产品质量如何？"

　　小宋向对方保证："无论从产品质量上还是顾客服务上，我们都是一流的，而且有许多大公司成为我们的忠实顾客，这些都是有证可查的。对于产品质量方面，你大可放心。"

　　顾客提出："即使你保证产品质量一流是真的，可你们的产品价格怎么比其他同类产品高啊？这是为什么？"

　　小宋说："这种产品的价格在市场上长期以来一直居高不下，与其他公司相比，我们公司的价格实际上已经很低了。造成这种产品高价的主要原因是它的造价本身就高出其他产品，我们最起码要保证收回成本，所以……"

　　"如果这样的话，那么我们就觉得不大划算了，毕竟我们公司……"说到此，顾客实际已经是在拒绝了。

这样说顾客才会听，这样做顾客才会买

不少销售员在谈判时都会犯这样的毛病，过于关注自己的销售目标，却忽略了对顾客实际需求的考虑。任何一位顾客都是在自身需求得到满足后才会考虑成交的，如果销售员无法做到这一点，想要实现成交几乎不可能。针对以上情景，销售员可以这样来做：

顾客："我和你们公司还是第一次接触，不知道你们的产品质量如何？"

销售员："之所以能在众多的竞争对手之中站住脚，就是靠的我们公司一贯坚持高质量的顾客服务，并提供优质的产品，这些方面与我们有过合作的许多大顾客都可以提供证明。事实上，正是因为长期坚持采用我们公司的产品，很多合作伙伴才能创造令业界瞩目的高效能业绩。相信以贵公司的实力和影响力，如果与我们公司合作，更可以令工作效率大大提高，而且也有利于贵公司的品牌延伸……"

顾客："你们的产品价格怎么比其他同类产品要高出一截？这是为什么？"

销售员："这种产品的价格确实要高于其他产品，这是因为它具有更卓越的性能，它能够为你创造更大的效益，与今后你获得的巨大利润相比……"

顾客："你说得也有道理……"

实现双赢的前提在于买卖双方利益的互相满足。因为顾客是你的长期"合伙人"，要学会共事利益，要多考虑顾客的感受，在保证利润的基础上尽量满足顾客的需求，你不能让他有吃亏的感觉。

那么，在谈判过程中，销售人员如何才能与顾客建立合作共赢、长期合作的友好关系呢？

1. 让顾客知道购买产品为其带来的利益

销售是一个利益博弈的过程，交易的双方是受利益驱使的。想要实现销售成功，销售人员就要通过与顾客沟通达成双赢。产品是实现利益的立足点，销售人员要让顾客知道购买产品可以为其带来什么样的利益，

第十二章 送优惠，顾客省钱你才能赚钱

这样才能吸引顾客关注产品。

例如，当顾客对是否购买产品感到犹豫不决时，销售人员可以向顾客表明：我们的产品可以为你创造更大的效益，如果你能购买我们的产品，就能获得巨大的利润。顾客感受到了利益的存在，购买欲望就会进一步加强。这样一来，双赢就能得到进一步实现。

需要注意的是，在向顾客表示其可从购买中获得利益时，销售人员一定要态度诚恳、实事求是，并富有激情，使语言具有说服力和感染力，以提高顾客对产品的信任度。

2. 让顾客知道双方合作的好处

在与顾客谈判的过程中，销售员应尽可能地向顾客表明希望与其长期合作。无论对顾客还是销售人员本身来讲，这都有一定的好处。因为销售人员开发一个新顾客往往比接待老顾客费时费力得多，而对于顾客来说，对产品足够的了解与掌握也会为他们节省很多精力和时间。

3. 介绍产品时一定从顾客需求出发

在谈判的过程中，当顾客自我需求得到满足之后，往往会主动做出成交决定。所以，销售人员在向顾客销售产品时，要尽可能地从顾客的实际需求出发，弄清楚他们需要什么或者在哪些方面面临难题，并采取适当的方法予以解决。

例如，在向顾客介绍产品时，销售人员可以说："贵公司对产品质量要求很高，而我们的产品也以优异的品质赢得了很多大型合作伙伴，相信我们合作会非常满意，也会非常愉快的。"

这样让顾客从谈判中得知，这场交易不但满足了他预想的起码要求，还能为自己赢得其他好处。那么，他们大多会表现得更加积极，以一种"实现成交可以使我得到某些益处"的态度与销售人员进行谈判，从而提出成交。如果顾客提出了一些额外的小要求，你可以在确保自身和产品不受侵害的前提下尽量去做，尽可能地满足顾客需求，而此时你也基本上可以得到自己想要的。

要让顾客觉得自己占到了便宜

现在的顾客对商家给出的产品价格是百分之百的不相信,为此,所有的人买商品都知道"砍价"。作为推销员,你必须给予顾客以理解,让其砍价,砍到他认为可以了之后再卖他,比如:

一位顾客在某商铺相中了一件衣服,一问价钱,居然是300多块。于是他"对半砍"。

"给150元。"

店主说:"唉呀,那可卖不了,这样连本钱都收不回来,不能让我关店歇业吧。这样,先生,看你也挺有诚意的,再加一点,我就算是给你带一件了。"

"这样啊,我最多出180元。"

"成!算交朋友了。"

这位顾客认为得便宜了。其实精明的商家也乐开了花,因为他绝对不会做赔本买卖的。

这就是成功的销售,因为它让买卖双方都觉得赢了。

几乎所有的销售人员都知道这句话:顾客要的不是便宜,而是要感到占了便宜。顾客有了占便宜的感觉,就容易接受你推销的产品。但同样因为如此,顾客占便宜的心理给了商家可乘之机,如一些女士在购物买衣服的时候,常常用对方不降价自己就不买来"威胁"销售人员,于是销售人员最终妥协了,告诉女士"就要下班了,我不赚钱卖你了""我

第十二章　送优惠，顾客省钱你才能赚钱

这是清仓的价钱给你的，你可不要和朋友说是这个价钱买的""今天你是第一单，算是我图个吉利"，于是这位女士自以为独享这种低价的优惠满意而归。

此种情况并不少见，精明的销售人员总能找出借口卖出东西并让顾客觉得占了便宜。由此可以看出，大多数顾客不喜欢对产品的真实价钱仔细研究，而是想买些更便宜的物品。销售人员怎么做才能让顾客觉得占了便宜呢？你可以去看看商场中最畅销的产品，它们通常不是知名度最高的名牌，也不是价格最低的商品，而是那些促销"周周变、天天有"的商品。促销的本质就是让顾客有一种占便宜的感觉。一旦某种以前很贵的商品开始促销，人们就觉得得了实惠。

虽然每个顾客都有占便宜的心理，但是又都有一种"无功不受禄"的心理，所以精明的销售人员总是能利用人们的这两种心理，在未做生意或者生意刚刚开始的时候拉拢一下顾客，送顾客一些精致的礼物或请顾客吃顿饭，以此来提高双方合作的可能性。

贪图便宜是人们常见的一种心理倾向，我们在日常生活中经常会遇到这样的现象。例如，某某超市打折了，某某厂家促销了，某某商店甩卖了，人们只要一听到这样的消息，就会争先恐后地向这些地方聚集，以便买到便宜的东西。物美价廉永远是大多数顾客追求的目标，很少听见有人说"我就是喜欢花多倍的钱买同样的东西"，人们总是希望用最少的钱买最好的东西。这就是人们占便宜心理的一种生动的表现。

同时，占便宜也是一种心理满足。顾客会因为用比以往便宜很多的价钱购买到同样的产品而感到开心和愉快。销售人员其实最应该懂得顾客的这一心理，用价格上的差异来吸引顾客。

销售人员在推销自己产品的时候，可以利用顾客占便宜的心理，使用价格的悬殊对比来促进销售。其实在很多世界顶尖的销售人员的成功法则中，利用价格的悬殊对比来俘获顾客的心是常用的一种方法。

优惠是推动销售最有效的方法之一，所以优惠政策就是你抓住顾客心理的一种推销方式。大多数顾客都只看你给出的优惠是多少，然后和你的竞争对手做比较，如果你没有让顾客觉得得到优惠，顾客可能就会

离你而去。所以你不仅要注重商品的质量,还要注意满足顾客这种想要优惠的心理需求。

但是,优惠不过是一种手段,说到底是用一些小利益换来大顾客,你还是有赚头的,不然商场里也不可能经常有"买就送""大酬宾"等活动。当然,在优惠的同时,你还要传达给顾客一种信息:优惠并不是天天有,你很走运。这样,顾客的心里才会更满足,他们才会更愿意与你合作。即使你推销的产品在某方面有些不足,你也可以通过某些优惠让他们满意而归。

如果顾客对你的产品提出意见,你千万不要直接否定顾客,要正视产品的缺点,然后用产品的优点来弥补这个缺点,这样顾客就会觉得心理平衡,同时加快自己的购买速度。

比如顾客说:"你的产品质量不好。"

作为销售人员的你可以这样告诉顾客:"产品确实有点小问题,所以我们才优惠处理。不过虽然是有问题,但我们可以确保产品不会影响使用效果,而且以这个价格买这种产品很实惠。"这样一来,你的保证和产品的价格优势就会促使顾客产生购买欲望。

作为一个销售人员,你应该很清楚,销售的最终目的是要达到一个双赢的结果,只有双赢才会对双方的合作有持久的吸引力。

当你面对的顾客,他想要的价格跟你的有些冲突,那种奇迹般的双赢结果恐怕很少会出现。顾客想要以尽可能低的价格买到产品,而你想要以尽可能高的价格卖出产品。顾客想降低你的底线,来接近他的期望。

你要做的就是,采取相互退让的策略,让你在谈判桌上取胜,同时又让顾客觉得他也赢了。能否达到这种结果是衡量一个销售员水平高低的一个标志。

两个销售人员也许遇到了两个情况完全相同的顾客,两人都能以同样的价格和同样的条件成交,但是销售高手会让顾客在心理层面上觉得自己赚了,拙劣的销售员却会让顾客觉得自己赔了,从而滋生出心理上的不满。这样,第二天早晨顾客醒来的时候就会这样想:"现在我知道那个搞销售的对我做了什么,可恶,别让我再碰上他!"可想而知,这个

第十二章　送优惠，顾客省钱你才能赚钱

顾客就这样流失了。

销售高手则会让顾客觉得自己赢了，从而心情愉悦。顾客会觉得同这样的销售员在一起是愉快的，你们的合作是成功的，他在你这里购买的商品是让他放心的，他会迫不及待地想再次见到你，并再次跟你做生意。

让"免费的午餐"可信又可用

这个世界上总是存在想要贪图小便宜的人,这样的人总是希望自己能吃上"免费的午餐"。而经过进一步的分析我们就会发现,这种爱贪小便宜的人并非有功利目的,而是如果能占到小便宜就会有好的心情。所以,在销售的时候不妨就满足顾客这种爱占小便宜的心理。

其实,很多商家已经很擅长运用各种"免费的午餐"吸引顾客,比如买一赠一、节假日折扣、清仓甩货等各种噱头,都是商家为了获得更多的利润采取的促销手段。但是顾客就很吃这套,愿意贪图其中的便宜。如果能在实际销售中多多使用诸如打折优惠、免费送货、赠送礼品等"小便宜"来讨好顾客,让顾客欣喜的同时,也会为自己赢来比平时更多的生意。

陶鑫开了一家手机专卖店,他对店里的布置可是费了一番心思,店里除了摆设了手机之外,还陈设了各种各样的物品。不仅有靠枕等小件家居用品,还有各种儿童玩具,更有很多小工艺品,物品繁多。虽然小店看起来显得乱了一些,但是生意却出奇得好。

一次,一位顾客来到店里购买手机,双方经过一番讨价还价之后,顾客感觉有些疲惫,就坐下来喝杯茶。这个时候,顾客发现茶的味道很好,就忍不住问陶鑫:"这杯茶用的是什么茶叶?"陶鑫趁机拿出一包新茶叶,对顾客说:"这样吧,那款手机实在是没有降价的空间了,这是我去岭南的时候带回来的茶叶,带了两包,这包就送给您了。"

陶鑫的慷慨解囊送茶叶,让顾客感到意外的同时,觉得占了很大的便宜,十分爽快地买了那部手机。

第十二章　送优惠，顾客省钱你才能赚钱

实际上，陶鑫早就买好了茶叶放在店里。如果碰上带着孩子来的顾客，他的店里能引起孩子兴趣的东西就更多了，他能赠送给顾客的东西也就更多了。但是有一点，他始终坚持，那就是从不主动送东西给顾客，而是等顾客真的看中店里某样东西，提出要求的时候，才会"大方"地赠送。

其实，很多顾客在买到手机后，都因为好奇店里摆了那么多小玩意，随口问问能不能送点什么给自己。陶鑫就是利用了顾客这种想吃"免费午餐"、占小便宜的心理，故意不说出那些都是赠品，而是装作很大方地送给顾客。这样顾客就会觉得自己占到了便宜。

在美国，哈雷摩托车的消费者多是手头不很充裕，但是热爱兜风的年轻人。摩托车的销售旺季是室外活动活跃的夏季，冬季是摩托车的滞销期。每逢冬季来临，各地的摩托车经销商都为大量的库存而大伤脑筋。

为了刺激消费者在冬季购买，哈雷摩托车制造厂推出一个叫作"早起的鸟儿有食吃"的特价活动，借此告诉想要拥有摩托车的年轻人，不要等春天到来后才购买，冬天才是购买高级车种和各种附件的最佳时机，应抓住有利时机尽早购买。

哈雷摩托车制造厂除生产各式摩托车外，还生产各种摩托车附属品，例如皮带、皮靴、坐垫、安全帽、皮夹克、皮质旅行箱等。哈雷的主管希望这些附属品与哈雷摩托车一样，也尽早出清库存。于是，他们想出了早买摩托车早得摩托车附属品，买得越早得的越多、越贵的车种得的越多等方法，鼓励消费者尽快做出购买决定，其主要目的，不外乎就是希望增加摩托车的销售量及提高市场占有率，减少各地经销商的库存。促销的具体做法是：凡于一月份购买哈雷摩托车者，赠送价值800美元的附属品；于二月份购买者，赠送价值400美元的附属品。同时哈雷通过店面广告、邮寄广告、杂志广告以及所有精美图片的印刷品，大肆宣传此项活动。

由于赠品促销与各种媒体广告配合得当，引起了潜在消费者的高度注意与回响，季节性销售差异极大的哈雷摩托车即使在冬季也不再滞销。结果仅一月份及二月份，哈雷的市场占有率就由原来的30.8％增加到

38.9%，在58天内，各地经销商共送出7000件摩托车附属品。

哈雷摩托车制造厂以手头不大充裕但又爱好运动和享受兜风乐趣的年轻人为促销对象，以摩托车附属品如皮带、皮靴、坐垫、安全帽、皮质旅行箱等为赠品，有的放矢，投其所好，从根本上保证了促销活动的成功。

一场赠品促销活动的最佳效果是：能强调产品品牌独特的优点，并凸显其市场地位；鼓励消费者继续使用其产品；刺激潜在消费大众的反应，尤其是可能成为真正使用者的反应。

那么，如何开展赠品促销活动才能起到最佳效果呢？

（1）开展赠品促销活动之前，要考虑活动的合理性，比如说这次赠品促销活动是否盈利，是否能得到顾客的认可。

（2）赠品选择要真心实意，精细并且使用率高，才能真正讨得顾客的欢心。有些商家所给出的赠品都是劣质品，以此来蒙骗顾客，这种做法是不可取的。

（3）赠品不能"喧宾夺主"。在价格上，赠品的价格要比主商品低，外形体积上，赠品应小于主商品。

"免费的午餐"可以说是最有效的促销方式。怎样既提供这种"免费的午餐"，而自己又不吃亏，就看商家们的智慧了。懂得创新，懂得挖掘买卖双方的利益共同点，才能更好地实现商家"小投入，大回报"的目标。很多商家总是希望能尽可能地减少投入，这样就能让利益最大化，但是很多时候，增加少量的投入就能为自己赢来更大的利润。

生意场上买卖双方的利益并一定是互相矛盾的，有的时候也是相统一的。商家提供的产品可以满足顾客的某种需要或便利，而商家也需要通过扩大知名度和口碑效应等，来赢得顾客认同和销量的提高。因此，聪明的销售人员一定要学会寻找彼此之间的需求结合点去平衡这种利益关系。

不过，不是每一位顾客都有消费尊严，有些顾客会得寸进尺，占到了小便宜还想有更大的便宜，这个时候双方的利益关系就难以获得平衡了。当遇到这种顾客的时候，要马上切断对方这种过分的想法，用严词拒绝对方："不好意思，我没有权利这样做。"或者向顾客说明不能继续降价的理由，不能再有赠送的理由。并且要注意说话的时候要柔中带刚，尽量让顾客无法再提类似的要求。

第十二章　送优惠，顾客省钱你才能赚钱

成交前让顾客获得砍价的满足感

在多数消费场所，消费者与卖家都有讨价还价的余地，这正是市场经济的特点。而有一部分消费者，更是有习惯性的"砍价癖"，砍价成功会让他们很有满足感。对普通消费者来说，砍价成功也会让他们觉得自己买得比别人实惠。销售人员要懂得满足顾客的这一心理欲求。

在销售当中，出现销售人员与顾客讨价还价的情况是很正常的现象。顾客的钱都是辛辛苦苦挣来的，没有哪一个顾客会不问价格、不问质量就痛痛快快地购买的。讨价还价是消费者正常的心理需要，目的是获得某种心理平衡。只有当顾客在心理找到了这个平衡点后，他才会最终做出购买的决定。如果没有达到平衡点，顾客就会和销售人员议价，在你来我往的争论中找到双方都能够接受的方案，实现双赢。

不过，在心理上，人们都希望在与商家议价的时候能够得到更实惠的价格。因此，作为一名销售人员，在交易的时候千万不要急于求成，太快的交易只会让顾客觉得自己给出的价位偏高，于是便觉得自己在这场交易中吃了亏，有时还会对产品的质量产生怀疑。如此一来，对买卖双方都不利。

过快地接受顾客的要求并不能给销售人员带来多少好处。举一个例子：

有一对夫妇翻看杂志时，在中间的插页广告中看到一座古式的挂钟吸引住了他们的目光。

太太说道："你瞧，这钟多古色古香！若是挂在咱们家的走廊上或是

大厅中,那就再好不过了。"

先生也表示认同:"嗯,不错,我正想买个类似的钟挂在家中,只是不知道得要多少钱,广告中也没有标出价钱。"

经过寻觅,他们在本市最大的超市中看到了这款挂钟。太太高兴地说:"就是它,就是这个!"

"还真是啊!"先生答道,"但是我们说好了,超过500元我们就不要了。"

于是先生问售货员这款钟多少钱,售货员说:"500元。"这位先生说:"我也不多说,这个钟我准备出个价钱,我不喜欢讨价还价,听着,300元,卖不卖?"售货员连眼都不眨一下,就说道:"拿走吧。"

比预期少了200元,先生并没有得意洋洋、沾沾自喜,他的第一反应是:"怎么搞的,也许200元都能敲定。这钟必定有问题!"

当他提着钟走向停车场时,自己想到:"这钟应该很沉才对,怎么这么轻呢?是不是次品?"

事实上一点毛病也没有,当钟挂在走廊时,看上去很美观,而且分秒不差。只是这对夫妻的心情却总是轻松不起来。为什么?就是那位销售员太痛快地接受了他们300元的出价。其实客观地说,这个价格对于那位销售员来说已经很低了,销售员根本没有赚到多少钱。不过这对夫妻却总觉得自己上当了,买贵了,这就是人的心理在起作用。

所以,在跟顾客议价的过程中,要抬高你的门槛,不要那么容易就达成协议,要让顾客感觉到你是在割爱,你很不乐意把这件物品给卖出去,你给出的价位已经是让自己利润薄得可怜的底线了。这样,他们在心理上才会有很大的满足感,才会感激你。要让你的客人觉得和你做生意的时候他们从你这里占到了一些便宜,心理上有了一种满足感,才会高兴地继续和你合作。

日本东京一家叫"美佳"的西服店,就是准确地抓住了顾客的这种想占更多便宜的购买心理,有效地运用折扣售货方法销售,获得了成功。

第十二章　送优惠，顾客省钱你才能赚钱

具体方法是：先发一公告，介绍某商品品质价格等一般情况，再宣传打折扣的销售天数及具体日期，最后说明打折扣的方法，即第一天打九折，第二天打八折，第三天、第四天打七折，第五天、第六天打六折，以此类推，到第十五天、第十六天打一折。这种销售方法实施的效果是，前两天顾客不多，来者多半是打探虚实和看热闹的。第三四天人渐渐多了起来，在打六折时，顾客像洪水般地拥向柜台争相抢购。以后连日爆满，还没到一折售货日期，商品早已销售告罄。

店家可能在为商品打五折的时候就已经赚钱了，但顾客们的想法是：打六折自己就已经省钱了，但要等到店家打一二折时可能就抢不到了，于是就提前下手了，但这已经是掉在商家为你挖好的陷阱里了！

巧用性价比，让顾客感到买的是便宜货

所有从事推销工作的人都已感到了，在现代商业社会，随着商品的逐步丰富，销售行业竞争的程度日益激烈，各种商品，千奇百怪，应有尽有。在众多商品面前，顾客自然就产生了挑剔的心理并对同类产品进行比较。谁的产品稀、奇、特、新又廉价，谁就拥有和固定住顾客。

在销售中，人们经常会听到"性价比"一词。也就是说，除了产品质量、性能、功能等必须满足顾客的心理预期外，还要在推销的时候下足工夫，尽量利用"性价比"来做文章，顾客感到物美价廉，从而进行购买。比如：

一位顾客想买一条牛仔裤，他对售货员说："这个价格太贵了。"

销售员："您曾经有过买便宜货的经验吧？或者你也看到过有人低价买一些劣质品吧？'一分价钱一分货'有的牛仔裤价格很便宜，甚至几十元就能买到一条，但洗过一次，掉色不说，又抽又皱，穿几天就扔掉了，你说，到底是便宜的合算还是高档一点的合算？"

购买物美价廉的产品是顾客一致的购买心理。销售过程中，价格异议似乎也是销售人员最头疼的问题，因为你不管怎么强调产品如何便宜，可是顾客却总会不厌其烦地和你讨价还价。而此时，如果我们能和案例中的销售员一样，把价格问题转到价值问题上，尽量让顾客看到产品背后的价值，明白"一分价钱一分货"的道理，淡化顾客对价格的敏感度，最终选择购买。

当然，除了在价格异议中我们需要让顾客感受到产品的性价比外，

第十二章　送优惠，顾客省钱你才能赚钱

销售中任何一个环节都需要我们向顾客传输这一思想。因为价格问题会始终贯穿于整个销售过程。

让顾客明白产品的性价比，自然是要有与之比较的对象。那么，具体的销售中，我们如何来利用产品的性价比呢？

1. 横向比较

所谓横向比较，就是销售员要把自己所销售的产品与竞争对手的产品进行比较。一般来说，可以从价格和价值两方面进行对比：

（1）价格对比

这种对比方法，可以说是最常见的，也就是销售人员用所推销的产品与同类产品进行比较，用较高的同类产品价格与你所卖价格作对比，从而让顾客明显觉得你所推销的产品价格更便宜。

（2）价值对比

顾客：我觉得你们的设备挺符合我们的要求，只是这质量方面，我还是有点担心。还有，我觉得有些贵。

销售员：这个你完全可以放心，国家质检部门已经做过多次检验了，我们所有的设备合格率是90%以上，而且这型号的设备质量比其他设备都要好，它的合格率达到了95%，而其他公司的产品才85%。你看，这是产品相关的质量合格证、质检部门的检测报告……目前这款设备已经在全国20多个城市销售了100多万台，重要的是直到现在我们仍然没有接到任何关于这款设备的退货要求。所以，你大可放心。

听了这样的比较多数顾客是会认同的。

2. 纵向比较

所谓纵向比较，指的是销售人员针对顾客所提出的一些具体的价格问题，以比较的方法予以解决。一般来说，通常包括以下几种比较法：

（1）效能比较

顾客："这个价格实在太高了，远远超出我的预算。"

销售员："那么，你认为在怎样的价格范围内你可以接受呢？"

顾客："我们的最高预算是5000元。"

销售员："这和我们的产品差价是1000元。但你要知道，这是一次

性的投资，可这种先进的机器，每个月会为你多增加 200 元的效益，也就是说，购买这种机器，不到 5 个月的时间，你就可以把差价给赚回来。"

案例中，销售员就是在引导顾客说出预期价格后，再把自己产品的价格和顾客提出的价格进行比较，然后再在这个差额上做文章，最终让顾客接受了自己的观点。

的确，与产品的总额相比，差额肯定要小得多，不会对顾客产生更大的压力。这时，运用差额来说服顾客就相对比较容易些。

（2）整体分解法

经验丰富的销售人员经常会采用这种方法。它是按产品使用时间的长短和计量单位的不同来报价，把庞大的价格化整为零，隐藏价格昂贵的威慑力。这种方法使价格分散成较小的价位，实际上并没有改变顾客的实际总支出，但却比总报价更加容易被人接受。

总之，只要价格合理，只要我们巧用对比，让顾客感觉到物有所值，顾客就一定会购买。

第十三章 SALE
善应对,好的销售员都是人际关系专家

第十三章　善应对，好的销售员都是人际关系专家

柔性化解与顾客的纠纷

俗话说"心急吃不了热豆腐"，是指如果太过心急是不会得到最好的结果的，在商业谈判中更是如此。如果遇到和顾客的分歧，就据理力争，争个你死我活，连最基本的尊重都失去了，只会把双方的关系搞僵，最后将成交的可能性"争"没了。因此，最好用柔性的办法化解和顾客的纠纷。

遇到麻烦并不可怕，可怕的是不能化解麻烦。而解决麻烦并不困难，困难的是能用柔性的方式，在不伤害顾客并且不影响生意的前提下解决麻烦。有些销售员素来就是强硬的性格，遇事不问青红皂白，还没搞清楚顾客为什么"找麻烦"，就急于为自己"脱身"。这样不仅不能解决问题，还会激化矛盾，更甚者还会和顾客发生正面冲突，最后不欢而散。如果能够学会用温和的方式化解误会和纠纷，一方面能够得到顾客的谅解，另一方面能够让自己的销售成功。

正因为如此，当在销售中遇到麻烦事，顾客有所不满时，销售员需要做的并非急着撇清关系，而是倾听对方提出的问题，让对方把想说的话说出来，这是尊重顾客最基本的态度。因为只有了解问题所在，才能找出解决问题的最好方法。

第二步就是要解决问题。有些顾客比较敏感，也比较较真，喜欢小题大做，本来并不大的问题，却不依不饶，这样的态度很容易激怒人。但是销售人员则要学会控制，不能小事化大，大事化作不能解决。如果错在自己，应该婉转地、耐心地向顾客解释，争取用最小的代价换得顾客的谅解。如果错不在自己，也不能得理不让人，应该保持优雅的服务

这样说顾客才会听，
这样做顾客才会买

态度，向对方解释清楚，说服对方放弃追究。

邓超是商场里红酒店的销售员，有一天，一位顾客在店里买走了三瓶红酒，第二天拎着红酒又回来了，进店就气冲冲地大声说："服务员，你们的酒是假的！"

由于当时还有很多别的顾客在店里挑红酒，邓超担心这个人这样的言论影响声誉，于是微笑着迎上去："先生，我想这其中一定有什么误会，我们的酒都是正规渠道进口的，绝对不会出现假货。请这边走，我帮您解决一下问题好吗？"

这位顾客见邓超这样好的态度，就跟着去了。坐下后，顾客一把把红酒放在了桌子上："就是这三瓶酒。我以前也买过的，不是这样的，这三瓶一定是假的。"

邓超依旧一副好脾气，说到："那不知道是哪里有什么不一样呢？"顾客见邓超这么问，理直气壮地说："你看，就是这个小标志，以前是没有的。还有生产商，原来我买的红酒瓶子上也不是写这个生产商的。"

邓超一听是这个问题，就放心了，因为这个牌子的红酒确实更换了生产商，因此酒瓶的包装也做了点小改动。于是他详细地向顾客解释了这些问题，最后取得了对方的谅解，事情就这样大事化小、小事化了了。

销售中，销售人员要本着缓和代替强硬，用解释代替争吵的原则处理与顾客之间的矛盾。这要求销售人员除了要具备良好的口才和灵活的销售技巧外，还要有能够温和处理问题的能力，尽量减少销售后遗症的出现。邓超就是因为具备了这样的能力，才避免了冲突的发生。

实际上，出现问题并不是最坏的结果，最坏的是沉默、紧张的对峙局面的出现。如果一名销售人员能够像谈判员一样用温和的方式解决冲突，为谈判带来轻松良好的氛围，就能使顾客对你产生好感，敌对的状态也会有所消减，妥善解决问题的可能性就会更大。

在销售过程中，比如商品本身的问题，销售人员的态度问题，顾客对销售人员的误解，销售人员工作的失误等种种原因常会引起顾客的不满。

第十三章　善应对，好的销售员都是人际关系专家

当销售人员遇到这些麻烦的时候，首先要注意始终把顾客放在最重要的位置，坚持"顾客就是上帝"的原则；其次，要迅速了解问题出现的原因，然后进行解释或者补救，争取用顾客最满意的方案解决问题，这样才能获得对方的信赖，促进销售。

"读懂"顾客话语背后的潜台词

现实中,顾客到商家这里来就是为了购买,但却经常以"价格太贵""还不急于使用"等等理由来拒绝。其实,顾客说"贵"和其他原因的背后有许多潜在的内涵,期望人员只要读懂它们,就能实现交易。

那么,顾客说价格贵的背后,其潜台词都有哪些情况呢?综合起来,可以分为下面几种:

1. "潜台词"之一:价格比别人高

你的价格是不是真的高顾客也不确定,这需要摸清顾客的评估准则,以便弱化价格,把竞争对手比下去,最后才能赢得订单。

有一位顾客想租用企业邮箱,既能提升职业形象,也可以减少垃圾邮件和故障。他有几个选择,年费从500元至900元不等。他想要便宜的,最终却选了一个最贵的。这是怎么回事呢?刚开始选择的时候,顾客同样说的是:"你的价格太贵了!"

推销员问他:"你现在每天收到的垃圾邮件有多少?是如何处理的呢?"

顾客说:"少说也有50封,很难清空。主要是一些有用的邮件,甚至客户的邮件也夹杂在里面,所以必须一个一个地看。有一次因为没及时看到顾客的问讯邮件,误了大事!"

"那真的不幸。除了垃圾邮件,你现在邮箱服务器的稳定性如何?"推销员接着问。

顾客说:"经常停机检修,而且不定期。每次停机,邮件是收不到的。

第十三章 善应对，好的销售员都是人际关系专家

已经有客户对我抱怨了，就是因为邮件沟通的问题！"

推销员见火候已到就建议说："所以，一个运行稳定、能有效隔离垃圾邮件的电子邮箱对你很重要，对吧？"

顾客也确定地说："我想是这样。毕竟机会成本更重要，对了，你说过你们在这些方面有技术优势，怎么做的？"

通过上面的对话可以发现，顾客对邮箱运营商评估标准的微妙变化：按重要性高低排列，对话前是"价格——防垃圾邮件——稳定性"，对话后则为"稳定性——防垃圾邮件——价格"。这种改变不是无缘无故发生的，而是推销员有效影响了顾客的购买决策准则，从而最后达成了合作。

2. "潜台词"之二：这个决定很重要，我要再考虑考虑

美国一家大型商用机器公司因为价格因素而丢订单的情况时有发生，他们专门做了调查后发现，其中64%不是因为价格。对此，顾客是这样回答的：

"他们的宣传很好，可具体一看，并不实用，甚至有的设计无用。"

"没错，他们的机器挺好，可是换供应商总是很麻烦的事！"

"他们的机器质量的确不错，但听说在售后服务上很差劲。"

"新来的副总裁原来在他们的一个竞争对手公司工作，我可不想得罪他！"

显然，顾客对你的产品或服务有顾虑，所以他们才以"价格贵"为借口，选择了拒绝。其实，对方心中真正想的是"我担心如果决定有错，会很被动！"这些解释不清的顾虑，可以称之为"负面后果"。显然，忽视或回避买家的顾虑信号，要比当面去探究这些潜在的风险更危险。请销售人员牢记这一点，积极主动地消除顾客的顾虑。

3. "潜台词"之三：我不是很急用

有位顾客想卖掉自己的大众车，换一辆更好的。车商给他推荐了一辆最新款的车，并且把车的性能说得绘声绘色。但是，顾客最后拒绝了，理由很简单：我先看看，并不急着用。然而，当天他就从另一个车商那里买了一辆更贵的车。

这是怎么回事呢？原来，第一个车商推荐新车的时候，描述新车多么时尚气派，但是这不是顾客看重的地方，所以他没买，以价格太贵拒绝了。

第二个车商推荐新车的时候，没有描绘新车的具体性能，而是问顾客：是不是经常有故障，维修要占用多少时间，一年保养花费多少。这话一下子说到了顾客的心里，所以他就买了第二个车商的车。

显然，当顾客说"贵"或者"我不急用"的时候，那只是一个借口，真正的问题在于销售人员没有把握好"需求认知"这一销售的关键环节，乃至完全忽视了顾客的真实想法是什么，所以才一味地在那里自说自话。

因此，销售人员必须学会如何从解决顾客问题的角度来考虑自己的产品陈述，而不只是做一个机械的产品代言人。换句话说，销售人员首先要考虑自己的产品能够解决顾客哪些问题，不管这些问题是否真实存在。这样在需求认知阶段才能找准位置，成功拿下顾客。

做销售不易，有许多似是而非的原因如你不善解读，就可能让"煮熟的鸭子飞了"。

第十三章　善应对，好的销售员都是人际关系专家

热情周到对待随和型顾客

有这样一种类型的顾客，他们性格温和、态度友善，很少直接拒绝销售人员的登门造访或产品介绍，也很愿意听销售人员的"唠叨"，思维往往会被销售人员牵着走，即使销售人员表现得很不热情、很不积极，他们也能容忍，不会轻易发脾气。这种类型的顾客被称为随和性顾客。

除了上面所说的性格特征外，在生活中，随和型的顾客还表现出如下这些特点：通常比较随和，乐于听取别人的意见及看法；有良好的沟通能力，给人以亲切的感觉，相处起来十分容易。在工作中，他们很少与别人发生冲突，虽然性格可能有些敏感，但是发生问题的时候，他们会尽量减少摩擦，不希望把事情闹大。

虽然这类型的人很随和，很有亲近感，但是对于销售人员来讲，这一类型的顾客却是最难做成交易的顾客，究其原因就是他们性格和心理的复杂性。

销售人员在与这一类型顾客沟通的过程中，会发现这类型顾客说得最多的话就是"好"，无论什么都以"好"作为结束语，唯一说"不"的时候就是不买产品的时候。很有意思吧？但确实如此。

随和型的顾客购买产品或服务时通常会考虑很多因素，且很注重会不会对别人造成影响。他们经常会问："这个产品容易操作吗？会不会影响别人？"产品的性能、使用、寿命、价格、维护、售后以及对他人的影响都在这类型顾客的综合考虑范围之内，决定着他们是否购买某产品。

由于随和型的顾客需要了解的东西太多，也很谨慎，所以销售人员

这样说顾客才会听，这样做顾客才会买

要积极地与其联系，并热情地为其介绍相关情况，以便满足其心理需求。

郝国强是一家工程设备公司的一位资深销售员，一次偶然的机会他打听到本市一家公司需要他推销的设备，于是他当即便打电话询问了一下这家公司的采购经理："您好，是于经理吗？我是咱们市嘉兴工程设备公司的销售员郝国强，听说贵公司正在寻求几套大型的园林机械，恰好我们公司有，我想去拜访一下您，您看方便吗？"

电话那头："哦，方便方便，我们正想多学一些这方面的知识呢！欢迎欢迎。"

第二天郝国强就来到那家公司拜访于经理："您就是于经理，久闻大名。"于经理很随和："来来来，别客气，我们都是很随和的人，就直接向你请教了，由于要采购的那些设备我们从未用过，对于技术方面的知识知道得很少，你来了，正好向你请教些专业知识。"

郝国强："没问题，有问题您尽管提，我一定竭尽所能，包您满意……"

一番交谈后，于经理说："不瞒你说，你已经是第三个卖家了，与其他卖家相比，你还是有优势的。我们保持经常联系，最后成功与否，还要看产品的质量。"

从此后郝国强与于经理经常联系，还送去产品说明书，以及产品使用的视频资料，就设备安装的问题，郝国强还特意请公司的技术人员登门给于经理等人现场做示范。最终于经理签下了订购10套设备的订单。

事例中的于经理就属于随和型的顾客，郝国强针对随和型顾客的性格特征，采取了积极主动的服务方式，热情地为其介绍产品，对顾客的问题有问必答，保持不间断的联系，最后促成了这桩生意的成交。

由于随和型的顾客办事很谨慎，不喜欢承担风险，尤其不希望因为自己的原因而造成不应该有的损失。一般情况下，随和型的顾客做出决定的时间会很长，所以销售人员不能太急，也不能给予否认或者怀疑，要把握分寸，适当地给予对方思考时间及引导，这样才能保证推销的顺利进行。

第十三章 善应对，好的销售员都是人际关系专家

另外，也正由于随和型的顾客不愿意承担风险，所以，销售人员在与之合作时，要给予其保证，适宜用专业的商务语言给予其积极的建议，让对方了解到你的诚意，消除其心中的种种疑虑，最终水到渠成地促成交易。

总之，针对随和型顾客的性格特征及心理特征，销售人员在与其交流沟通中，要始终把主动权抓在自己的手里，积极主动地与其联系，用自信的言谈，给对方积极性的建议，并多多使用肯定性的语言加以鼓励，而且要多从对方的立场来讨论问题，在潜移默化中使顾客做出决定，切记欲速则不达。

委婉含蓄对待虚荣型顾客

虚荣之心是一种很普遍的心理,喜欢炫耀,喜欢被人夸,喜欢与人攀比,喜欢高别人一等,这些都是虚荣心理的表现。虚荣型的顾客就有这样的特点,他们最开心的事情就是听到别人夸自己。

与虚荣型的顾客打交道是销售人员十分愿意做的事情,因为在与对方沟通交流时,不需要费太多精力去介绍产品,以及想太多的办法去获得对方的认同,只需要恰到好处地恭维取悦好对方,合作就基本有谱了。

一次,有一位企业家决定在自己的家乡建一所学校。一位家具厂的销售人员想获得该学校座椅的生意,于是他就和这位企业家约好见面聊一聊。见面时做了简单的自我介绍之后,这位销售人员便一脸真诚并极其自然地说道:"我在等着见您的时候,我细心地浏览了一下您的办公室,心想如果我能有这样的办公室,那该多好,我从来没有遇见过设计得如此巧妙合理的办公室。"

这个企业家听后,很高兴:"这个办公室很漂亮是不是?这是我亲自设计的,当时确实花费了我一些心思。"这位销售人员一边认真地听着,一边走到墙边用手摸摸壁板,说道:"这是英国橡木做的,对吗?和意大利橡木稍微有些不同。"

企业家回答:"嗯,那是从英国本土运来的橡木。我幸好也略懂一些木料方面的知识,这些材料都是我亲自挑选的。"随后企业家很有兴致地领着这位销售人员参观他亲自设计的其他几个房间。他们兴致勃勃地谈论建筑以及室内装饰,然后企业家顺便提到了他准备在家乡捐造一

第十三章　善应对，好的销售员都是人际关系专家

所学校，用以回报社会，这位销售人员适时热忱地赞许了他这种慈善的举动，然后也顺便说起了自己此来的目的。

从上午10点15分两人见面，到中午的时候他们依旧亲切地交谈着。谈话的最终结果是这位销售人员拿到了10万元的订单。

在这个事例中，这个销售人员通过试探，很明确地感觉到对方是一位虚荣型顾客，所以投其所好，极尽赞美之能事，获得了顾客的欢心，最后如愿以偿得到了订单。

在消费中，顾客的虚荣心理有时会表现得很明显，比如，虽然自身的经济条件并不是很宽裕，但是在选购商品的时候也还是倾向于选购比较高档的产品，并且在销售人员面前尽量表现得很富有。他们最不能容忍的就是别人说自己没有钱，买不起。

这个时候，聪明的销售人员都会恰到好处地夸奖顾客很有眼光，很有经济实力，受了夸奖的顾客通常很兴奋，因为虚荣心得到了满足。而且为了继续"装"下去，不丢面子，他们往往出手阔绰，愿意在你这里消费更多。

一对夫妇走进金碧辉煌的珠宝店挑选首饰，他们相中了一只价值8万元的翡翠戒指，但是又感觉价格很高，不符合他们的心理预期，为此一直犹豫不决。

这时候，一名很有经验的销售人员走过来说道："您二位真有眼光，荷兰的总统夫人也和您二位一样很喜欢这款戒指，但是由于嫌价格贵没有买。"

这样恭维的话刺激了这对夫妇，他们简单商量了一下，然后决定买下这款连女王都嫌贵的翡翠戒指。看着女主人带着戒指满意地离开，这名销售人员也笑了。

如果能够确认对方是一名虚荣型的顾客，那么在与其交流沟通中，销售人员就要利用一切可以利用的机会展开恭维。如果是在顾客家中，

可以赞叹顾客家居的设计风格独特，屋内的家具品位不凡等，还可以具体地谈某项事物，如客厅摆放的花如何雅致，颜色如何亮丽等。如果是在顾客的办公室，可以夸赞其办公室的整体风格很让人赏心悦目，或者顾客的办公效率等，只要是能用上的褒义词请尽量用上。

　　恭维最好要讲究一定的方法和技巧，才能起到四两拨千斤的绝佳效果。优秀的销售员通常把恭维的话语放在比较隐喻的方面，他们一般不会直接恭维顾客，而是在合适的场合当着顾客的面赞赏顾客的接待人员。

　　这样做的效果是，表面上是在赞赏接待人员，其实是在恭维顾客，因为只有他们平时对下属管理有方，下属才会让客人满意，因此恭维接待人员的同时也就意味着在夸奖顾客。这样做还有一个意想不到的收获就是，接待人员同时也会对你报以热情的态度，因为你的赞美，有可能改变他们在老板心中的印象，也许在以后的推销进程中，他们会暗暗地帮你。

　　另外，在恭维对方时，销售人员要注意适度，不要太过，太过的话容易让对方产生不真实感，甚至怀疑你在讽刺他，从而对你产生戒备心理，甚至反感你，那样的话，你的恭维就会适得其反，起不到应有的效果。

第十三章　善应对，好的销售员都是人际关系专家

真诚耐心对待精明型顾客

通常情况下，精明型的顾客都有着较高的见识能力，在消费的过程中沉着冷静，不轻易受他人影响，对销售人员以及商品有着较高的要求，一旦销售人员出现什么差错或者漏洞，将直接影响他们的购买决定。

碰到精明型顾客，销售人员一般会叫苦不迭，因为他们就像看戏一样，看着销售人员把产品介绍了一遍又一遍，但是丝毫没有购买的冲动。而且，在这个过程中，销售人员还要经受住顾客对自己仔仔细细的观察，一旦出现了纰漏，合作就极有可能泡汤。销售人员十分害怕自己哪一句话说错了惹恼了对方，而使自己之前的努力前功尽弃。

通常，精明型的顾客比较强势，最讨厌别人弄虚作假，一旦发现销售人员没有说实话，他们就会不依不饶，追查到底。因此，在精明型的顾客面前，销售人员最好避免夸张地说话，不说不切实际的话，如果弄虚作假被发现，无疑会使自己处于非常不利的地位。

可粗略地将精明型的顾客分为"尽责型"和"执着型"两种类型，"尽责型"顾客通常都有很强的分析能力，做事以严谨著称，似乎任何问题都逃不出他们的眼睛，经他们手的工作一般都是不会有什么遗漏的，正因为这样，使得他们对人对事都很挑剔，他们从不会轻易相信一个人。

"尽责型"顾客是顾客群体中比较"难缠"的一种。对付这样的顾客，应该尽量使他们有安全感、让他们相信你，让他们明白你会认真倾听、分析他们的要求。

由于这类型顾客希望销售人员不管是看起来、听起来、还有感受起来都要符合他们的要求，所以，在与这样的顾客相处时，一切都要以一

种井井有条的状态出现,尤其是对细节的把握方面更要注意。比如在工作方面,你要思路清晰、方法明确、态度严谨。在生活方面,你的谈话、你的穿着,你的行为,都要规范得体,而且不要有什么不良的行为习惯。

在听产品介绍时,他们需要你详尽的介绍,而不要粗枝大叶,更不要含糊其辞,当然更要真实不夸张。在他们面前,你无论做多少次"详细说明"都不过分。他们想听,希望你说。如果你不说,他们就不会喜欢你,更不会跟你做生意。

虽然这类型的顾客很挑剔,很难合作,但是从长期来看,这类顾客是最稳定的类型,一旦他们同意与你合作,那就代表你已经取得了他们的信任。当然,在他们成为你的固定顾客后,你也不能掉以轻心,因为他们精明的思想和习惯没有变,他们还会观察你,一旦发现你懈怠或者欺骗他们了,他们会随时停止与你的合作。

对"尽责型"顾客的应对策略同样适用于"执着型"的顾客。此外,应对"执着型"的顾客,还有一些特别的技巧。

与"尽责型"顾客相类似,"执着型"顾客做事也非常稳重、仔细,态度严谨。他们忠诚守德。虽然他们能够容忍别人在道德和立场方面存有缺陷,但是他们并不愿意和那些道德水准低下的商人做交易。

在和"执着型"顾客接触和交流中,销售人员要保持真诚的态度,要确保他们对你完全信任。在向他们推销产品时,要确保他们能从中获得安全感。让他们觉得有保障,觉得已做出的决策没有风险,不要给他们压力,这样才有可能让他们愿意跟你做交易。

同"尽责型"顾客一样,"执着型"顾客也会一直观察他们想要与之合作的销售人员,一旦让他们发现了你的瑕疵或者你的污点,他们会极有可能取消与你合作的打算。所以销售人员要多留心一下自己的历史记录,如果发现有不良记录存在,最好要及时弥补,或想好应对措施,以防被对方质问,措手不及。

由于精明型的顾客极度讨厌虚伪和做作,比较容易接受真诚和坦率,所以很多时候,你不要试图掩盖你产品或者服务的不足,而要坦诚相告,反而会赢得他们的信任和肯定,从而增大与他们合作的机会。

第十三章　善应对，好的销售员都是人际关系专家

概括来讲，在和精明型的顾客打交道时，销售人员首先要树立信心，不要胆怯害怕。其次要保证以真诚的态度对待对方，介绍商品时实事求是，不弄虚作假。再次，要热情地为对方服务，设身处地地为对方着想。最后，将选择权交给对方，并给对方考虑和调查的时间，不逼迫对方做出选择。只要规范操作，将自己的行为都纳入到他们的规范要求中，就能换来这类型顾客的信任，为交易打好基础。

这样**说**顾客才会听，
　　这样**做**顾客才会买

干脆麻利对待外向型顾客

　　粗略来分，可将人分为内向型人和外向型人。外向型的人说话比较果断，能明确地表达自己的意愿，语速也比较快，声调较为洪亮，愿意与人接触，待人热情，做事不拘小节。

　　销售人员与外向型的顾客交流一般是比较容易的，和这样的人在一起，销售人员也不会感到压抑。当销售人员在给这样的顾客介绍商品时，他会很乐意地听销售人员说明，并且会很积极地参与进来，发表自己的看法。

　　直接是这类型顾客的一大特点，在购买商品时，如果他喜欢就会很痛快地购买，不喜欢的话就会果断拒绝。在拒绝时也通常不会绕弯子，委婉拒绝，而多半会直截了当予以拒绝，而不管对方是否能下得了台。

　　一个顾客来到一家保险公司，找到工作人员问："你好，我想为孩子购买一份保险。"

　　销售员："您看，这是我们公司适合儿童的所有保险，我可以一一给您介绍。"

　　顾客大声说道："不用，我把我小孩儿的情况告诉你，你帮我选择一个最合适的就好，不用一一介绍了，我就相信你一次，交给你办了。"

　　销售员："好的，那我记录一下，请您放心，我一定帮您选择一个最合适的保险。"

　　显然，例子中的这个顾客就是一位外向型顾客，他不会拐弯抹角地

第十三章　善应对，好的销售员都是人际关系专家

说话，而是很直接地表达诉求。面对这样的顾客，销售人员应该以比较外向的方式来与之交往，要顺着对方的心意服务，尽量长话短说，避免拖沓。

外向型顾客凡事愿意摆在外面，不喜欢藏着掖着。如果一个人的办公室里摆放着一些学位证书、获奖牌匾，还有装帧精美的其他证书之类的荣誉象征，那么极有可能这个人就是一位外向型人。

一位资深的销售人员一次去拜访一位民营企业的老总。在这个私企老总的办公室里，他看见墙上裱着一个非常精美的装饰品，仔细一看，原来是国内某著名大学工商管理硕士（MBA）的毕业证书。

原来这位私企老板刚刚从这所著名大学的工商管理专业毕业并顺利地获得了证书。了解这一点后，这位销售人员就猜测到自己的这位顾客可能是一位说话、办事都很爽快的外向型人，心中也就有了与之打交道的策略。

事后证明，这个销售人员的猜测是完全正确的，这位私企老总的确是位外向型人。

外向型的顾客通常有很强的时间观念，对于时间的把握，他们甚至能精确到以分钟甚至是秒计算的程度，如果与这样的顾客预约，一定要及时赴约，否则你会给这类顾客留下一个没有时间观念的印象，从而会失去他们对你的信任。

另外，在与外向型顾客交流沟通时，销售人员要注意把握交谈时间，说话言简意赅，切中要点，要尽量用最短的时间把最有用的信息传达给他们，不要给对方留下浪费时间的感觉。否则，会被视为在浪费时间，而不利于合作。

外向型的顾客的目的性很强，也很直接，他们只关心你的产品或者服务能否满足他们的要求，而通常不去管其他的方面。说服他们最好的方式就是用事实证明一切，其他烦琐的解释在他们看来都软弱无力，而且很没用必要。

外向型的顾客通常很自信，对于别人的意见或者建议，他们不会轻易接受，除非你的论据够充分，他们才有可能做一些适当的改变，但也不要指望他们一下子改变很多。所以，不要期望自己能够扭转他们对某事的看法或者观点。

另外，还有一点需要注意的是，外向型人做决策速度相当快，而且缺乏一定的耐心，一旦他就某项条款提出异议，你就要迅速做出最合理的解释，你必须跟上他的脚步，及时地提供信息以助其完成决策。只有这样，合作才有可能取得成功。

总之，在与外向型顾客打交道时，不要啰里啰嗦地就一个话题没完没了地说个不停，要言简意赅，切中要害。对他们的疑问要及时解答清楚，对他们的要求及时予以满足，不拖泥带水，就会获得他们的认可，从而增加合作的几率。

第十三章　善应对，好的销售员都是人际关系专家

温柔体贴对待内向型顾客

与外向型人豪爽干脆的性格相反，内向型人性格内敛、沉静，不善言谈，也不愿意与人交流，更不愿意将内心的真实想法说出来，喜欢独处。

在消费环节，内向型的人总是显得十分谨慎，对产品精挑细选，甚至久久拿不定主意，以至于消费的数量不多。对上门推销的人员，内向型人警惕性很高，态度很冷淡，不愿意交谈，说话极其有限，而且极有分寸，这样就使销售人员的工作很难展开。

实际上，内向型的人很内秀，虽然他们很少发表自己的意见，但并不代表他们没有自己独特的见解。在销售人员介绍商品或者提供服务时，他们已经在认真倾听，并在心里琢磨商品或服务的好坏。只是由于天生性格内敛、沉静，而且对陌生人有一种天生的防御和警惕的本能，因此才会表现得冷漠、无动于衷。

内向型人即使是对销售人员的观点表示赞同，通常也只会简单地应承一句，而不会说太多的话。这就形成了一个看着很奇怪的情形：这边，销售人员在口若悬河、引经据典地大说特说，而那边，内向型人气定神闲，无动于衷，甚至有些心不在焉，仿佛在很认真地听你讲，但似乎又心有所想，这样的状态经常让销售人员不知所措，不知道该如何应对。

内向型人心思敏捷，推理能力很强，他们会对销售人员提供的信息进行很认真的思考、推敲，由于考虑的事情很多，所以他们思考的时间较长。但是一旦分析完自己掌握的数据，认为自己足够了解了销售人员推销的产品或者服务时，合作的成功性就会很大。

针对内向型顾客的性格特征和心理状况，销售人员在与之交流沟通

中，讲话要富有条理和专业性，要把合作的优点和缺点一一展示出来，提供的信息要尽量全面，要有耐心，并适时保持沉默，给对方以足够的思考时间进行决策。

一天，北京中关村数码大厦来了一位女孩。一见到有顾客上门，几个电子推销人员一起迎上去，主动打招呼，并再三询问对方需要什么电子产品。面对你一句我一句的询问，女孩显得有些窘迫不堪，甚至涨红了脸，最后简单地说自己只是随便看看。

在离柜台稍远处转了两圈之后，可能觉得没有自己想要的产品，女孩就准备离开了。品牌电脑销售员刘佳在柜台里一直观察着女孩，他看出这个女孩来到这里是要准备购物的，同时他也看出对方是一个比较内向腼腆的顾客，可能是因为刚才那些销售人员的轮番轰炸，把女孩吓住了，有些不知所措了，所以准备离开。

想到这里，刘佳从柜台后面走出来，上前很友好地把女孩请到自己的柜台前，对她说："别紧张，您是不是想买台电脑，觉得价格，还有配置不合适。这样，如果你相信我，我先给你详细介绍一下，如果适合，你就买，如果不合适，你就不买。先到这边坐坐吧，这边比较安静！"

女孩顺从地坐了下来。在聊了十几分钟后，女孩明显地对刘佳产生了信任感，于是便向他透露了自己的真实想法，她确实是想组装一台配置高一些的电脑，可是自己又不是很懂，刚才又被那几个推销人员吓了一跳，本想不买了，以后再说，但现在听了刘佳的介绍后，她决定委托刘佳帮自己组装一台高配置的电脑。

内向型顾客属于慢热型，在其冷漠的神情之下掩盖着一颗火热的心。只要获得了他们的认可，他们就会自然表达出十分的善意。等到彼此熟悉起来，他们就会变得十分信任你、依赖你，甚至让你替他们做决定。

通常情况下，内向型的顾客在购买过一次你的产品后，如果结果让他们满意，你们之间就会有下次、下下次的交易。因此，对于销售人员而言，内向型的顾客值得努力与之建立比较稳定长久的关系，使彼此的合作一

第十三章　善应对，好的销售员都是人际关系专家

直持续下去。

　　总之，针对内向型顾客不善言辞、不爱主动、不轻易相信他人的性格特征，销售人员要积极主动与其接触，以周到体贴的服务方式为其服务，给对方提供详尽的信息资料，然后适时地保持沉默，给对方留有思考和回旋的余地，这样就会使合作更容易达成。

创造让顾客无法抗拒的强大气场

我们常常会说,将军有将军的风范,土匪有土匪的痞气。不同的人,其特殊的身份和特质,决定了其外在的气势和影响。在现实生活中,有不少人也能给人这样的感觉,虽然他不说话,单单是站在那里,就可以让人觉得有一种特殊的气质,使人不禁对其肃然起敬,表示信服和依赖,或者感到一种威严的气势,不由得顺从和臣服于他。这其实就是一种无形的影响力,是一个人的品质以及意志等内涵的外在体现,并外化成一种气势和力量,对别人产生一定的吸引或者威慑。

一个人如果能够提高自己的这种隐形的气势,就可以更深刻地影响到别人,使这种气势变成感化别人的力量。有位心理学家做了这样一个实验:

让一名军人装扮成一个乞丐,而让一个乞丐装扮成一名军人,两个人交换角色,一个去沿街乞讨,一个去管理士兵。结果军人装扮成乞丐以后,还是那样挺拔坚定,说话低沉镇定,当他对路人说:"请施舍我点东西吧!"很多人都为之一震,浑厚的声音之中传达出一种不可抗拒的力量,人们不自觉地掏出钱来给他。而乞丐装扮成的军人,却是一副萎缩的姿态,在士兵面前低声下气,他命令士兵列队的时候,居然是低声地说:"我求求你们都站好吧!"结果士兵们一起喊"是,长官!"竟把他吓得躲到墙角了。

这就是气势的影响,它可以传递给别人这样的信息:你是自信还是卑谦,是胸有成竹还是心中没谱儿,是不可轻视还是可以随意应付。当你在气势上处于劣势的时候,不仅不能影响到别人,还可能被对方控制。

第十三章 善应对，好的销售员都是人际关系专家

因此，销售人员在顾客面前，一定要将自己最强势的一面表现出来，要充满自信、要坚定果断、要谨慎认真，而不能唯唯诺诺、拖拖拉拉，更不能马虎大意、随波逐流。

在处事立场上，如果你没有坚定的意志，没有果断的精神，那么主动权就会控制在对方手里，使你受制于人。销售人员要善于改变自身的气势，增强影响力，其基础就是要有强大的意志力做支撑。有决心、有目标，才会有独立性，不受别人的干扰和影响，也不会随波逐流、半途而废。因此，销售人员如果能将决策时的独立性和果断性与执行时的坚定性完美地结合在一起，一种无形的影响力就会产生。你的自信与坚定，你的镇静与果断，足以让对方对你表示信服，对你有所依赖，并在你逼人的气势之下，轻易向你妥协。

原一平是一位伟大的推销员，在日本被称为"推销之神"，然而他并不是人们想象中的那种英俊挺拔的销售员。他的身高只有1.53米，长相也很普通，在他刚刚进入销售界，进行保险推销的时候，处境是十分艰苦的。不但没有经验，而且自身气质不佳，几乎没有任何优势。在进入公司的半年时间里，他居然一份保险也没有推销出去。他没有钱租房子，没有钱吃饭，日子过得很艰难，但是他并没有自怨自艾，依然微笑着面对自己的生活，因为他始终坚信：生命的天空总会有晴朗的一天。

他总是能够微笑地面对周围的一切，而且笑得那么真诚，那么自信。同时他也对自己的工作充满了坚定的信念，在别人已经灰心丧气的时候，他依然能够充满希望地面对。有一次，原一平去拜访一位顾客。去之前他就听说这个顾客是个性格内向、脾气古怪的人，很难对付。但是原一平没有退缩，勇敢地敲响了顾客家的门。

"你好，我是原一平，明治保险公司的业务员。"

"哦，对不起，我不需要投保。我向来讨厌保险。"

原一平并没有生气，而是诚恳地问："能告诉我为什么吗？"

"讨厌是不需要理由的！"顾客突然提高声音，显得有些不耐烦。

原一平并没有选择离开，而是依旧面带笑容地望着他说："听朋友

说你在自己的行业做得很成功，真羡慕你，如果我能在我的行业也能做得像你一样好，那真是一件很棒的事。"

原一平的话让顾客的态度略有好转："我一向是讨厌保险推销员的，可是你的笑容让我不忍拒绝与你交谈。好吧，你就说说你的保险吧。"

于是原一平被请进了家门，原来顾客并不是讨厌保险，而是不喜欢推销员。而在接下来的交谈中，顾客在不知不觉中已经被他的自信、开朗、热情和坚定所感染。最后，顾客终于被原一平说服，愉快地在保险单上签上了自己的大名，并和他握手道别，说："你真是个了不起的人，我好像完全不能抗拒你似的。"

原一平就是靠自己的巨大影响力、感染了无数的顾客。他相信真诚和自信能够打动很多人。为了能够更好地影响顾客。他还苦练"笑功"，把"笑"分为38种，针对不同的顾客。表现不同的笑容，使自己不管在面对什么样的顾客时都能够散发出迷人的魅力，使顾客如沐春风，无法抗拒。

销售人员就要像原一平那样，充满自信，充满精气神，从容面对一切，用自己的魅力、能力营造一种强大的让人无法抗拒的气场，从而让交易变得不再遥不可及。

第十三章　善应对，好的销售员都是人际关系专家

有拒绝才有销售：善于化危机为转机

　　作为一名专业的销售人员，一定要有这样的一个心态：异议是销售的真正开端。如果顾客连异议都没有就购买产品，那销售人员的价值还怎么体现呢？实际上，任何产品和服务都有不足之处，都不可能完美，顾客肯定会对它有一定的异议，这一点销售人员也是必须要有所认知的。

　　对一位优秀的销售人员而言，异议不应该是销售工作中的一个障碍，而应该是一个积极的因素。他们能够从另外一个角度来体会异议，揭露出另一层含义：从顾客提出的异议中，我能判断顾客是否有需要；从顾客提出的异议中，我能了解顾客对自己的建议书接受的程度，进而迅速修正自己的销售战术；从顾客提出的异议中，我能获得更多的信息。

　　异议的这层意义，是"销售是从顾客的拒绝开始"的最好印证。作为一名销售人员，在向顾客推销商品时，遭到拒绝是非常正常的事。这个时候，应该怎么做呢？是选择放弃呢，还是把拒绝当成成交的机会？有一部分销售人员都会这样想：顾客都已经直接拒绝我了，他已经不要我的商品了，我还有什么办法呢？

　　可是，销售人员在推销商品时，得到的大多数都是拒绝，毕竟很少有人会无缘无故地去相信一个陌生人推荐的商品。但是，那些优秀的销售人员却有着完全不同的思维，他们在推销商品时也经常遭到顾客的拒绝，可是他们绝不会自怨自艾，也不会悲观失望，在他们眼里，顾客的每一次拒绝都是一次机会。因为顾客的拒绝都有理由，他也许嫌商品贵，也许对商品不够信任，也许抱怨商品没有售后服务等。那么，将顾客的问题解决好不就万事大吉了吗？

这样**说**顾客才会听，这样**做**顾客才会买

在这个世界上，没有解决不了的问题，所有的问题都有解决的方法，就像人们常说的那样"方法总比问题多"。当你想办法把顾客的问题都解决掉的时候，他还有什么理由不买你的商品呢？把顾客的拒绝视为成交的机会，这就是优秀销售人员之所以优秀的秘诀。

孙超伟大学毕业后，找了一份销售的工作，负责推销文具。可是每次他向顾客销售时，顾客的回答就只有一句话："我不需要。"

为此，他非常苦恼，不知道自己该怎么办才好。无奈，他只好向那些表现突出的同行请教。同行说："首先你要找对顾客啊！比如，你销售文具就只能找那些有学生的家庭或文化单位的人，他们才有可能需要。"

孙超伟叹了一口气，说："我找的就是这些人啊！可是人家都说不需要。"同行笑着说："他们拒绝你，你就离开了？"

孙超伟很吃惊："不然，我还能怎么样？"同行说："你至少可以问问他为什么拒绝买你的商品吧！"

孙超伟说："问了之后，怎么办呢？"同行笑道："知道他拒绝的理由，你的销售就已经成功了一半。知道了问题的所在，剩下来解决问题就行了。他如果嫌产品贵，你就应该努力让他相信这是物有所值。他如果不信任产品的质量，你可以告诉他如果在一年之内出了问题，你把钱原封不动地退给他。如果他拒绝你的理由都一一排除了，那他还有什么理由不买你的商品呢？"

孙超伟惊讶地说："你的销售成绩那么好，难道你也经常被顾客拒绝吗？"同行笑了一下，说："你以为呢？我并不是一个运气好的人，我只是一个会把拒绝当成机会的人。"

这番谈话让孙超伟深受启发，原来在销售中，拒绝并不只是拒绝，而是机会。他抱着这种想法再次敲开了一个顾客的门。顾客的第一句话仍然是："我不需要。"

孙超伟并没有像以前一样直接走掉，而是微笑着问："我可以问一下你为什么不需要吗？据我所知，你有一个上初中的儿子，我想他应该是需要文具的。"

第十三章　善应对，好的销售员都是人际关系专家

顾客说："他有文具。"孙超伟说："哦，可是我们的产品特别好用，很多用过的人都这么反映。"顾客说："卖东西的当然会说自己的东西好了，我怎么知道你的产品好用呢？"孙超伟说："你用一下就知道了，我想你一定可以辨别出好用和不好用的。"

顾客试用了一下，感觉孙超伟的文具确实质量不错，就购买了一些。孙超伟终于找到了销售的窍门。

销售人员在遭到拒绝后，一定不要气馁，不要放弃，如果你选择了放弃，那么你就是自己放弃了成功的机会。你要明白，顾客拒绝你是正常的，不拒绝你才不正常，在你去推销时，就要做好充分的心理准备，准备接受顾客的拒绝。

可是，你更应该明白，在拒绝的背后蕴藏着无限的商机，有拒绝才有销售。找到顾客拒绝你的理由，然后将理由排除，化拒绝为接受，化危机为转机，这是一个优秀销售人员必须具备的素质。

第十四章 SALE
亮底牌，关键时刻透露产品小秘密

第十四章　亮底牌，关键时刻透露产品小秘密

把产品带给顾客的好处说清道明

购物是要花钱的，所以没有哪个人会去买不急用或不能给自己带来现实好处的产品。只有能准确判断或帮助顾客找出他们想从产品中得到什么效益和解决方案，你的销售工作才能顺利展开。

如果一个人的衣服旧了，他会考虑买一件新衣服；如果急需一台电脑，他会考虑去买台新电脑，以便能够更好地工作；如果还没有房子，他会努力工作，攒钱买房子，以便有一个温馨的家……

只有人们需要的时候才买东西，并且买的东西能给生活上或心理上更多的满足感。当他们在购买产品的时候，更关心产品带给他们自身的效益以及能够为他们解决多少问题。

从某种角度上说，顾客购买的不是产品，而是对自身问题的解决和对自己需求的满足。他们希望用自己腰包里的钱交换销售人员手中的"方案和效益"。按照商品等价交换的原则。即是：顾客从我们这里得到了好处，他才会用等价的钱作为交换。

在每单销售中，顾客购买或不买都有一个顾客在寻求自己关心的利益点的过程。这是顾客必须确保的一件事情。只有他确定这种产品能够给他带来益处或能帮助他解决面临的问题时，他才可能购买。推销员的工作就是揭示这一关键的利益，进而说服顾客，让他相信如果购买了你的产品或服务，他就会享有这些利益，自身心理上的需求会得到满足。同时，每单销售都有一个关键的阻碍，即顾客迟疑或决心不买的主要原因。你要揭示出这一关键的阻碍，并想办法消除它的影响，让顾客满意。

在你销售一件产品和服务的过程中有某种东西肯定是顾客想得到的

这样说顾客才会听，
　　这样做顾客才会买

益处，或者说这种东西能够帮助顾客解决现在面临的问题，你一定要通过倾听或提问，把它找出来，然后告诉顾客，你的产品能够给他带来他想要的效益，帮他解决他想解决的问题。

如果他的购买决心还没有下，你可帮他把这种购买实现的好处讲给他听，以促使他下决心。

王子琪是一家家用电器公司的推销员，一次，他通过朋友得知，某社区敬老院预购买一批洗衣机，于是就来到该敬老院推销产品。

敬老院的院长赵卫东接待了王子琪。知道了王子琪的来意后，赵院长明确表示："我们确实想换几台洗衣机，但是，今天上午已经来了三个推销员了。我正考虑买哪一种呢。这样吧，你也跟他们一样，留下一张名片，等我考虑好了给你打电话。"

王子琪知道，面对几个竞争对手只有突出自己产品的优势才能让对方选择自己的产品，如果只留下一张名片就离开，很难说他们会选谁的，因此决定进一步与赵院长沟通一下。他问赵院长："敬老院原来有洗衣机，为什么要换呢？"

赵院长说："原来的洗衣机用的年头多了，经常出毛病。而且现在老人多了，要洗的衣服也增加了，所以才想买几台。"

"是呀，洗衣机的修理既耗费时间又耗费精力。所以，我想帮您介绍一下我们公司的洗衣机，我想它一定可以很好地帮您解决这个头疼的问题。"王子琪说道。赵院长并不相信，摇摇头说："全天下的洗衣机的保修期差不多都是一年。"

王子琪郑重承诺："我们公司的洗衣机不一样，保修期不是一年，而是三年，并且，三年后还会负责上门维修，费用才是市场价的一半，这是我们产品的最大优势。"

听王子琪如此说，赵院长有些意外："那洗衣机的其他功能怎么样啊？"

"我们公司洗衣机的其他功能跟其他公司的洗衣机是一样的，费用也跟同类产品差不多，但我们的服务是其他公司所不能比拟的。同样的

第十四章 亮底牌，关键时刻透露产品小秘密

价钱拿不一样的服务绝对是物超所值。"王子琪努力突出自己公司产品的竞争优势。

赵院长听到这，马上心动了："好吧，如果是这样，那你给我说说买洗衣机的具体细节吧。"

如果你已经知道顾客有购买的需求，而对方又迟迟犹豫不决时、可以用这种方法，让对方在你不断地提问中知道了自己想要从商品中获得什么益处或者想解决什么问题，并且让他觉得你所说的就是他想要的，这个时候他就会很快做出购买决定的。

家丑外扬：大胆亮出产品缺陷

无论是产品还是服务都不可能是十全十美的，都必然存在某方面的不足或者缺陷，可是要知道，这是就某方面而言的。换句话说，不足或者缺陷不是绝对的，而是相对的。进一步说，有的时候，不足或者缺陷可能是另一种优势。

房地产公司的拉姆承担了一项艰巨的推销工作。因为他要推销的那块土地紧邻一家面粉加工厂，机器马达的噪音让一般人难以接受。虽然这片土地接近车站，交通非常便利，但是在这里建造的20套房子售出的仍是寥寥无几，就是因为这里有很大的噪音。所以开发商想把这块地皮和房子一同售给一家大的企业，作为他们的职工住房。开发商多次和对方谈判，可是没有任何结果，无奈之下，开发商找了房产经纪人，而拉姆就出任了这块土地的推销经纪人。

拉姆了解到购买土地的这家大型企业所要求的价格和条件与这些房子大体相同，而且这家单位以前也在这附近待过，那时面粉厂的噪音也是不绝于耳。于是拉姆去拜访这家单位的负责人，希望与他们进一步沟通。

"这个地段交通便利，比附近的土地价格和房屋价格都便宜了许多。当然，之所以便宜自有它的原因，就是因为它紧挨着一家面粉加工厂，噪音比较大。如果您能容忍噪音，那么它的地理条件、价格标准与您希望的非常相符，你们单位职工上下班也方便，很适合您购买。"拉姆有策略地对那块土地做了介绍。

不久，那位企业比较理性的负责人去了现场参观考察，结果非常满

第十四章　亮底牌，关键时刻透露产品小秘密

意，他对拉姆说："上次，你特地提到噪音问题，我以为噪音一定很严重，我观察了一下发现那些噪音的程度对我们的工作来说不算什么，我们以前工作的地方整天重型卡车来来往往，络绎不绝，而这里的噪音一天只有几个小时，而且这种声音并不振动门窗，所以我很满意。另外，你这个人很真实，要是换成别人或许会隐瞒这个缺点，在刚接触这里的开发商时，他就是故意避开噪音这一缺点，说这块土地完美得不能再完美！所以，我总觉得我们好像是被欺骗了似的。当你们的那个开发商再找我的时候，我就一口拒绝了。你这么坦诚，反而使我产生了好感。"

拉姆顺利地做成了这笔看似非常难成的生意。

据上例可知，假如拉姆吹得天花乱坠，单一地强调房子的价格便宜，交通便利，和开发商以前所做的工作几乎没有区别，那么，那位理性的老板同样会回绝的。而拉姆相反，没有将它的缺点当成绝对的缺点，因为正是这个缺点，才让价格降了下来，从这个角度上讲，它还是一种另类的优势。拉姆将它的缺点，作为底牌，如实却又巧妙地亮了出来，反倒博得了企业老板的好感，也因此做成了交易。

有些时候，把产品的不足或缺陷当作底牌，在适当的机会亮出来，会使你及你的商品更具有魅力，往往更能令理性的顾客折服。

假如你把商品说得完美无缺，反而会引起理性顾客的疑问。有的时候，你也许会用你的文雅风度、社会地位、善良的行为和知识积累，去赢得他人对你的暂时信任，但问题存在着，一旦被对方看破，你的优势就会被一扫而光，交易就不用提了。

底牌，不一定是亮点、优势，有的时候，不足和缺陷也可以作为底牌，在恰当的时候亮出来，同样可以起到正向作用。

把产品价值当成打动顾客的杀手锏

消费者愿意购买自己喜欢的产品,主要是因为产品的使用价值在起作用。人们在购买产品时都必然会考虑到产品的功能、外观造型、价格等问题。产品的功能强大、性能优良、外观漂亮、操作方便、价格合理等条件无疑会提高产品的价值,产品价值的高低是影响消费者是否愿意购买的重要因素。

产品的价值是由产品的核心价值、附加价值等几个主要因素构成的。产品除了具备的核心价值之外,还有很多可利用的附加价值,有的顾客就是被这些附加的价值所打动。比如,一条漂亮的围巾,它的核心价值是御寒保暖,但是有些顾客把它作为一种装饰用在别的地方也未尝不可。

但是真正能打动顾客的最终还是产品的核心价值,只要核心价值符合了顾客心中的期望值,价格的障碍自然不攻而破。销售中,最重要的就是直接向顾客陈述产品的核心价值。

产品的核心价值是帮助顾客有效解决实际问题,因此,在销售过程中,销售人员的谈话内容一定要具有明确的目的,尤其是在进入产品销售阶段后,销售人员与顾客之间已经有了初步的了解。如果顾客乐于与你继续交谈,说明他基本认同你所推销的产品或者服务,这时,必须紧扣产品的核心价值所在,让顾客明白购买带来的好处和利益。

只有让顾客在尽可能短的时间内,感觉到产品或服务物有所值,才有可能激发其与销售人员继续交流下去的欲望。

李凤伟是某通信公司的电话卡销售员,她每次在与顾客通话的时候,

第十四章　亮底牌，关键时刻透露产品小秘密

都是直奔主题，告诉顾客购买电话卡所带来的实际好处。一天，她又打通了一位顾客的电话。

李凤伟："早上好，王经理，现在接电话方便吗？"

顾客："方便，请问哪位？"

李凤伟："我叫李凤伟，您直接叫我小李就可以了。"

顾客："什么事情？"

李凤伟："是这样的，王经理，我们公司最新推出一项新的电话卡服务，这种服务的最大优点是可以立刻为您节省30%的电话费用。我能占用您一到两分钟的宝贵时间，向您做一个简单的介绍吗？"

顾客："哦，有这么优惠的电话卡吗？"

就这样，李凤伟顺利打开了话题。

在这个例子中，李凤伟避开过多的赘述，直接向顾客讲述了产品的核心价值——为顾客节省30%的电话费用，从而吸引了顾客的注意力。其实在销售活动中，这是一种极其有效的销售方法，直奔主题，给顾客一个措手不及，往往可以在瞬间抓住对方的心。但是，销售人员应该向顾客展示哪些产品价值呢？第一，必须准确地定位产品的核心价值所在；第二，要强调产品给顾客带来的实际利益。

有位顾客走进一家家用电器商店。

销售员郭小峰迎上前来："您好，欢迎光临！请问有什么可以帮您的？"

顾客表示想买一台电风扇。

小郭立刻将顾客带到风扇销售区，然后一一向顾客做了简单的介绍。顾客看过之后说："这些风扇看起来挺不错，但就是价格有点偏高了。"

小郭解释说："您说的一点都没错，刚开始的时候我也和您一样的想法。但是经过这么长时间的经营和销售，我发现这个品牌的风扇质量相当可靠，出现质量问题的概率非常小。如果您买一台便宜点的风扇，质量可能就得不到保证，以后光维修费就可能是不小的一笔开支。所以

比较起来,我认为这种风扇的价格还是比较合理的。您觉得呢?"

最后,顾客认同了小郭的看法,买卖很快成交了。

从专业的角度讲,产品的核心价值就是指可以展现出产品持续的生命力,同时可以持续塑造的元素组合。简单地讲,就是产品的独特卖点,销售人员在向顾客介绍的时候,一定要抓住这一点。一个产品之所以有别于其他同类产品,最根本的不同就是核心价值的不同。任何一个产品都有自身的核心价值,这也是打动顾客的真正原因。通常,一个产品的价值很多,但核心价值往往只有一个。因此,销售人员如何准确定位产品的核心价值就成为销售的关键。

销售人员要想准确地抓住产品的核心价值,就要做到以下几点:通读说明书或者搜集与产品相关的信息,产品的明确定位;对产品的功能有个全面的了解;了解产品设计者的想法和对市场未来趋势的判断,有条件的话,多与产品设计者沟通;配合产品售后服务,与售后人员时刻保持沟通。

销售人员向顾客介绍产品的核心价值,一定要有一个基本点,即突出产品的核心价值;同时建立一条有效的途径,一套标准的流程来满足顾客的需求。只要能帮助顾客解决问题,顾客自然被吸引过来,而你也就可以将产品销售出去。

充分认识到产品的核心价值所在,销售人员在推销产品时,必须充分认识到自己所推销的产品能给顾客带来什么利益,只有这样,才能让顾客感觉到你的价值,顾客才乐意与你交流。直接告知顾客产品为其带来的利益,向顾客推销某个产品或某项服务,最终目的是帮助顾客解决遇到的实际问题。

因此,在销售过程中,销售人员介绍产品时不妨直接告诉顾客产品带给他们的好处,这往往更容易吸引对方的注意力。尤其是在产品销售进入关键的阶段时,由于顾客对产品已经有了初步的了解,销售人员更应该直截了当,阐述产品的价值所在,吸引顾客,促其购买。

第十四章　亮底牌，关键时刻透露产品小秘密

盘活产品潜力股，"话"出美好未来

如今，商业活动中的你来我往、唇枪舌剑，无非都是为了给自己争取更多的利益。

在与顾客的销售沟通中，拙劣的销售人员在推销当中只注重表现个人利益一面，聪明的销售人员却善于利用公众利益一面。千万别以为这只是几个词语之间的差别，里面的情形可是有着天壤之别的。从销售的实践看来，主动指出对方的利益所在，让对方知道这次销售将给他带来的好处，会更有利于促进双方之间的成功合作。因为，顾客要的是实惠，而商家要的是利益，由此让对方获利可以说是最大的底牌。

日本的松下公司是世界知名的企业，当初只能生产几种简单的电器产品，而且产品还没有形成品牌效应，在价格上也不占优势，所以销路不太好。于是董事长松下幸之助亲自去各地进行旅行推销，希望能与各个代理商成功合作，为他们的产品顺利打开销路，甚至使他们可以全面占领市场。

一天，他把各家代理商召集在一起，给他们推荐本公司的新产品。在沟通的过程中，松下告诉各位代理商："经过多年的研制与开发，我们公司终于完成了对这个新产品的投产试用。尽管现在它还称不上是一流的产品，但是我仍然要拜托大家，以一流的产品价格到本公司来订购这种新产品。"

顿时，全场一片哗然之声："有没有搞错啊，既然不是一流的产品，有什么理由要求我们用一流的价格去购买呢？"

这样说顾客才会听，
这样做顾客才会买

松下认真地说："我并没有搞错。我们都知道，在目前的灯泡制造行业中，全国只有一家公司能够称得上是第一流的，并且他们已经从整体上把市场垄断了。这个时候，即使他们随意提高产品的价格，大家仍然会购买，不是吗？假如市场上有新产品出现，品质优良而价格又便宜，对大家来说难道不是一件好事吗？不然，大家就需要按照那家厂商开出的高价去购买然后再经销，如此一来，得到的利润就非常有限了。"

听到这里，各位经销商纷纷点头表示赞同。接着，松下继续说道："这正如一个拳击手，如果纵横天下无敌手，这样一来，由于缺少真正有实力的对手，观众就很难再看到一场实力相当、扣人心弦的拳击比赛。目前的灯泡行业也是这种情况。这个时候若是出现一个与那家大公司实力相当的公司来与之竞争，就能直接导致产品价格的降低，经销商便能从中获得更多的利润。"

"那么，为什么本公司现在只能制造出二流的电灯泡呢？只因本公司刚成立不久，财力稍有欠缺，尚没有足够的资金用于技术改造和突破。但是假如大家肯帮忙，以一流产品的价格来购买本公司的产品，我们很快就能筹集到足够的资金进行技术改造。我相信过不了多久，本公司便可以制造出一流的产品推向市场，到那个时候，在座的各位就是最直接的受益者了。"

松下一番话，引来了很多经销商的啧啧称赞。最终，在座的经销商都同意了松下的"过分"要求。

松下的这番话可以说是"真心话"，他把公司的现状向各地的经销商"交底"，实际上是冒很大风险的，毕竟做生意是以追求利润为终极目的的，假如经销商们不肯损失眼前的利益，不肯以一流的价格购买松下公司二流的产品，那么松下的公关就算失败了。

但令人匪夷所思的是，松下"无理"的要求居然被大家所接受，这主要得益于松下给他们设想了一个美好的远景，站在他们的角度大谈对他们的好处，吸引他们成为支持者。

远景可能实现，也可能实现不了，所以说松下说的是"真心话"，

第十四章　亮底牌，关键时刻透露产品小秘密

但不是"真话"。松下高明的地方就在于让经销商把他的"真心话"当成真话，从而把他们吸引进入自己的阵营。

在与顾客交流时，讲真话是必要的，但不要完全被其所桎梏，可在不违反诚信的原则下，讲究方式方法，曲径通幽。要不然不管什么情形，都直白无曲地实话实说，那么就极有可能让谈话止步于萌芽阶段。